Königs Erläuterungen und Ma
Band 176

Erläuterungen zu

Friedrich Hebbel

Maria Magdalena

von Magret Möckel

Bange Verlag

Über die Autorin dieser Erläuterung:

Magret Möckel, geboren 1952 in Lindau an der Schlei (Schleswig-Holstein), Studium der Germanistik und Anglistik an der Universität in Hamburg. Seit 1979 Lehrerin für Deutsch und Englisch, erst an einem Gymnasium in Vechta, dann in Friesoythe, seit 2003 an der Graf-Anton-Günther-Schule in Oldenburg. Ihr Unterrichtsschwerpunkt liegt auf dem Deutschunterricht in der Oberstufe. Seit 1997 leitet sie einen literarischen Zirkel an ihrem Gymnasium, in dem sie mit interessierten Schülern ab Klassenstufe 10 über Literatur, besonders über aktuelle literarische Erscheinungen, spricht.
Frau Möckel ist verheiratet und hat zwei Kinder.

3., korrigierte Auflage 2007
ISBN 978-3-8044-1668-0

Titelabbildung: Friedrich Hebbel
Druck und Weiterverarbeitung: Tiskárna Akcent, Vimperk

Vorwort

Nicht nur weil das Drama immer wieder auf deutschen Theaterspielplänen zu finden und eine vorbereitende Auseinandersetzung mit *Maria Magdalena* sinnvoll ist, sind diese Erläuterungen entstanden. Die interessante Frage ist ja: Warum ist dieses Drama immer noch von Bedeutung? Die Antwort darauf ergibt sich unter anderem aus der Parallele zwischen der heutigen Zeit und Hebbels Lebenssituation.

Das abgeschlossene zweite Jahrtausend mit weitreichenden globalen Veränderungen bringt auch in gesellschaftlicher Hinsicht z. T. massive Umbrüche mit sich. Diese erfordern neue Orientierung und neue Wertesysteme. Es muss abgewogen werden, ob und in welcher Hinsicht Regeln des Zusammenlebens noch gelten, überholt sind oder durch neue ersetzt werden müssen. In der Gegenwart lebend ist es schwer, die eigene Situation angemessen einzuschätzen.

Durch einen Vergleich mit ähnlichen oder kontrastierenden Zuständen fällt dies leichter. In dieser Hinsicht bietet Literatur grundsätzlich – und hier besonders das Drama Hebbels – eine ausgezeichnete Möglichkeit der Parallelisierung und Kontrastierung und damit letztlich zumindest einen wichtigen Schritt hinsichtlich der Erkenntnis des gegenwärtigen Zustandes.

Soziologen und Politikwissenschaftler stellen übereinstimmend die heutige westliche Wertekultur auf den Prüfstand, sehen die westliche Welt in einer krisenhaften Übergangsphase und fordern den Abschied von der Spaß- und Erlebnisgesellschaft vergangener Tage. Sie betonen die Wichtigkeit des Gleichgewichts zwischen individuellen und gesellschaftlichen Bedürfnissen und geben einem Persönlichkeitstypus den

Vorzug, der „gleichermaßen traditionelle und moderne Werte" schätzt und sich „zwischen Altem und Neuem souverän zu bewegen"[1] weiß. Meiner Erfahrung nach bietet Hebbels *Maria Magdalena* in dieser Hinsicht Kontrastfiguren, zeigt Probleme auf und regt auf jeden Fall eine Auseinandersetzung mit dieser Zukunftsvision an.
Die Seitenangaben zu Hebbels *Maria Magdalena* in den Erläuterungen beziehen sich auf die Reclam-Ausgabe Nr. 3173 (Reclam Stuttgart 2001).

Magret Möckel

1 Horst W. Opaschowski: *Die westliche Wertekultur auf dem Prüfstand.* Aus Politik und Zeitgeschichte. B 52–53/2001, S. 17.

1. Friedrich Hebbel: Leben und Werk

1.1 Biografie

Jahr	Ort	Ereignis	Alter
18. 03. 1813	Wesselburen (Dithmarschen)	Geburt Christian Friedrich Hebbels	
1819–1827	Wesselburen	Besuch der Dorfschule, Maurertätigkeit	6–14
1827	Wesselburen	Tod des Vaters, Hebbel wird Hausbursche beim Kirchspielvogt, später Schreiber	14
1835	Hamburg	Amalie Schoppe wird Hebbels Mäzenin, holt ihn nach Hamburg, druckt Lieder und Balladen von ihm ab, ermöglicht ihm weitere Bildung; Beziehung zu Elise Lensing (Putzmacherin)	22
1836	Heidelberg München	Gaststudium (Jura); Vorlesungen (Literatur und Philosophie); Bekanntschaft mit Josephine Schwarz, Tochter des Tischlermeisters Schwarz	23
1839	Hamburg	Rückkehr nach Hamburg	26
1840	Hamburg	Geburt des Sohnes Max (Mutter: Elise Lensing)	27
1841	Hamburg	*Judith* (Tragödie) erscheint (Uraufführung 1840)	28

Jahr	Ort	Ereignis	Alter
1842		*Gedichte;* Arbeit an *Moloch* (Dramenfragment);	29
	Kopenhagen	nach dem Erfolg von *Judith* Stipendium des dänischen Königs Christian VIII., das ihm Reisen nach Paris (1843/44) und Italien (1844/45) ermöglicht	
1843	Paris	*Genoveva* (Tragödie) erscheint (Uraufführung 1849); *Mein Wort über das Drama* (Heiberg-Kontroverse);	30
	Hamburg	Tod des Sohnes Max	
1844	Hamburg	***Maria Magdalena (Ein bürgerliches Trauerspiel)*** erscheint; Geburt des zweiten Sohnes Ernst (Mutter: Elise);	31
	Rom	Reise nach Rom	
1845	Wien	Bruch mit Elise, Übersiedlung nach Wien, Beziehung zur Burgschauspielerin Christine Enghaus	32
1846	Wien	Ehe mit Christine Enghaus;	33
	Königsberg	**Uraufführung der *Maria Magdalena***	
1848		*Neue Gedichte* (Gedichtsammlung)	35
1849	Wien	Hebbel wird Feuilletonredakteur der Österreichischen Reichszeitung; *Der Rubin* (Märchenlustspiel) erscheint und wird uraufgeführt.	36

Jahr	Ort	Ereignis	Alter
1850		*Herodes und Mariamne* (Tragödie) erscheint (Uraufführung 1849)	37
1852	Venedig, Mailand	Reisen nach Venedig und Mailand; *Mutter und Kind* (Versepos)	
1854		Tod Elise Lensings	41
1855		*Agnes Bernauer (Ein deutsches Trauerspiel)* erscheint (Uraufführung 1852); *Erzählungen und Novellen*	42
1856		*Gyges und sein Ring* (Tragödie) erscheint (Uraufführung 1889)	43
1858	Weimar und Krakau	Reisen	45
1860	Paris	Reise nach Paris	47
1862	London	*Die Nibelungen (Ein deutsches Trauerspiel in drei Abteilungen)* erscheint (Uraufführung 1861); Reise nach London (Weltausstellung)	49
1863	Wien	Verleihung des Schillerpreises für *Die Nibelungen;* Arbeit am *Demetrius* (Tragödienfragment); Tod am 13. 12.	50

1.2 Zeitgeschichtlicher Hintergrund

Friedrich Hebbel gehört als Schriftsteller in die Zeit des Realismus, ist **Zeitgenosse von R. Wagner und G. Büchner**. Während die Prosa-Texte Hebbels (*Erzählungen und Novellen*, 1855) in dieser an Prosa reichen Zeit eher als schwach bewertet werden, schließt Hebbel mit seinen Dramen eine Entwicklung der deutschen Tragödie ab, die mit Lessing ihren Anfang nahm. Gleichzeitig wird er so zu einem **der wichtigsten Dramatiker** seiner Zeit. Der **bürgerliche Realismus** hat die Entwicklung von Charakteren und deren Beziehung zur Umwelt und zur Gesellschaft zum Thema. Hebbel gelingt es, hohe tragische Dichtung am Schicksal einer bürgerlichen Familie zu entwickeln. Dabei liegt seinem Verständnis von Schicksal zugrunde, dass nichts aus dem Zufall, sondern aus Weltgesetzen heraus entsteht. Die tragische Grundspannung in Hebbels Dramen besteht in der Dialektik zwischen dem Individuum, das nach Selbstverwirklichung und Loslösung strebt, und dem „Ganzen", den „Notwendigkeiten" im Sinne gesellschaftlicher Zwänge. Hebbel geht davon aus, dass die Spannung nicht im Widerstreit, sondern durch die Bereitschaft zur Versöhnung ausgetragen werden muss. Versöhnung bedeutet für ihn Einsicht in die Notwendigkeit des tragischen Prozesses und Aufgabe von Vereinzelung.
Eine weitere literarische Zielsetzung ergibt sich aus einem Brief Hebbels an seinen Verleger Campe (2. 6. 1844):

> *„Ich habe mir kein geringeres Ziel gesteckt, als den ganzen gegenwärtigen Welt-Zustand, wie er sich im Verlauf der Geschichte abwickelt und jetzt zur Katastrophe (denn unleugbar steht uns eine solche in Staat und Kirche wie in Wissenschaft und Kunst bevor) gesteigert hat, in einer Reihe von miteinander korrespondierenden Bildern darzustellen."*

Hier wird deutlich, dass Hebbel seine Zeit als **Umbruchsituation** einstuft.
Während er auf der einen Seite die Tradition des bürgerlichen Trauerspiels abschließt[2], nimmt er andererseits durch die analytischen Züge der *Maria Magdalena* die **analytischen Dramen Ibsens und Strindbergs**[3] und die **naturalistischen Sozialdramen** Hauptmanns vorweg.

2 Vgl. Kapitel 2.1 der Erläuterungen.
3 Vgl. Kapitel 2.3 der Erläuterungen.

1.3 Angaben und Erläuterungen zu wesentlichen Werken

Agnes Bernauer (Uraufführung 1852)
Das Drama thematisiert den Konflikt zwischen dem Recht des Einzelnen und dem Interesse der Gemeinschaft anhand des alten Stoffes (aus dem Jahr 1342) der Beziehung der schönen Bürgertochter Agnes Bernauer zu dem Sohn des Herzogs von Bayern. Die Liebe zwischen beiden mündet in die Ehe, die sich über alle Standesschranken hinwegsetzt. Der alte Herzog jedoch veranlasst aus Gründen der Staatsräson, dass Agnes zum Tode verurteilt wird.

Gyges und sein Ring (Uraufführung 1889)
Der alte Stoff von Herodot (5. Jh. v. Chr.) wird zu einer allgemein menschlichen Handlung verarbeitet, in der die Unvereinbarkeit von Welt- und Selbstverständnis zweier Personen zum tragischen Ausgang führt, so aber Sühne geschieht und der Einklang des Menschen mit Sitte und Weltordnung wiederhergestellt wird. Kandaules, König von Lydien, nimmt als kühner Neuerer keine Rücksicht auf die Ehrfurcht seines Volkes vor der Tradition. Doch während er sich gegen das Volk durchzusetzen scheint, wird ihm seine moderne Einstellung im privaten Bereich zum Verhängnis. Als sein griechischer Freund Gyges ihm einen unsichtbar machenden Ring schenkt, drängt Kandaules Gyges, ihn in das Nachtgemach der Königin zu begleiten, um Rhodope unverschleiert zu sehen.
Nachdem Rodophe Gyges davon überzeugt hat, dass der Tod Kandaules' der einzige Ausweg ist, diese Sittenverletzung zu sühnen, fordert Gyges seinen König zum Kampf heraus und tötet ihn dabei.

Als Gyges, dem inzwischen die Krone Lydiens angetragen wurde, mit Rodophe vor dem Altar getraut wird, nimmt sich Rodophe das Leben, um dem mythischen Gesetz der absoluten Reinheit zu genügen.

Herodes und Mariamne (Uraufführung 1849)
Diese im Blankvers verfasste Tragödie hielt Hebbel selbst für sein Meisterwerk. Herodes, der despotische und misstrauische König von Judäa, verlangt von seiner Frau Mariamne, dass sie sich im Falle seines Todes selbst umbringt. Sie ist tief verletzt über seine Haltung, die sie zu einem kostbaren Besitz degradiert. Obwohl sie ihn liebt und ihm zweimal verzeiht, ändert Herodes seine Haltung nicht und verfügt ihren Tod, als er in den Krieg ziehen muss. Mariamne rächt sich, nimmt dann aber widerspruchslos das Todesurteil bei seiner Heimkehr hin. In Mariamnes Todesstunde gibt Herodes den Befehl zum bethlehemitischen Kindermord.

Judith (Uraufführung 1840)
In dieser Umdeutung des biblischen Stoffes fühlt sich Judith zu dem mächtigen und selbstherrlichen Holofernes hingezogen, wird aber von ihm gedemütigt. So wird aus göttlichem Auftrag persönliche Rache, die Judith zur furchtbaren Tat motiviert.

> *„Auch Judith wird ein Opfer des tragischen Antagonismus zwischen dem handelnden und damit seine Grenzen überschreitenden Individuum und den Gesetzen des ‚Weltprozesses', den darzustellen nach Hebbels Theorie die Aufgabe des modernen Dramatikers ist."*[4]

4 M. Kluge und R. Radler (Hg.): *Hauptwerke der deutschen Literatur.* München: Kindler, 1997, S. 354.

***Die Nibelungen**. Ein deutsches Trauerspiel in drei Abteilungen (Der gehörnte Siegfried / Siegfrieds Rache / Kriemhilds Tod)* (Uraufführung 1861)
In Hebbels größtem Bühnenerfolg wird das Nibelungen-Epos mit den Geschehnissen am Hof des Burgunderkönigs Gunther erzählt. Siegfried setzt Zauberkräfte ein, um die schöne Kriemhild zu gewinnen. Die ihm eigentlich zugedachte Brunhild fühlt sich zum Tauschobjekt degradiert und lässt Siegfried ermorden.

Der Rubin (Uraufführung 1849)
Dieses Märchenlustspiel stellt dar, wie der Fischersohn Assad auf der Suche nach der verschwundenen Kalifentochter Fatime einen Rubinring entdeckt. Es stellt sich heraus, dass in diesen Rubin Fatime durch einen bösen Geist hineingezaubert wurde. Assad erlöst sie ungewollt, indem er den Ring in eigener Bedrängnis in den Fluss wirft. So wird ein Beispiel dafür gegeben, dass Besitzanspruch und Egoismus die Entfaltung von Individuum und Wahrheit behindern können.

2. Textanalyse und -interpretation

2.1 Entstehung und Quellen

Biografische Bezüge zwischen Figuren und Geschehnissen in *Maria Magdalena* und Erfahrungen Hebbels

Wie kaum ein anderes Werk Hebbels ist das Drama *Maria Magdalena* von persönlichen Erfahrungen des Dichters geprägt. Dies belegen eindeutig Tagebucheintragungen und Briefe (z. B. Brief an Sigmund Engländer 1863, Brief an Elise Lensing vom 26. 3. 1843, Tagebuchaufzeichnungen Hebbels vom Februar 1839 und vom 17. 10. 1843 und 4. 12. 1843 u. a.). Die folgende Aufstellung soll Verknüpfungen zwischen Erlebnissen Hebbels und dem Drama veranschaulichen.

Figur des Dramas:	gestaltet nach:	Bezugspunkte:
Meister Anton	Vater Hebbels Tischlermeister Anton Schwarz aus München (Hebbel wohnte vorübergehend bei der Familie Schwarz)	- Eigenschaften (Freudlosigkeit, Lieblosigkeit, Zynismus, Strenge und religiöser Fanatismus, Überbetonung der Ehre, rigide Bindung an Normen, Härte gegen sich und andere, Gefühlskälte etc.) - gespannte Beziehung zum Sohn - Name (Anton Schwarz) - Beruf (Tischlermeister) - familiäre Konstellation
Seine Frau	Mutter Hebbels	- Enge Bindung an den Sohn, schützt ihn vor dem strengen Vater - Eigenschaften (weibliche „Tugenden" wie Duldsamkeit, Frömmigkeit etc.)

Klara	Tochter des Tischlermeisters Anton Schwarz (Josepha Schwarz, genannt Beppi) und zeitweise Geliebte Hebbels	– Liebesbeziehung
	Elise Lensing, langjährige Lebensgefährtin Hebbels; sie hat mit ihm zusammen zwei Kinder; Hebbel verlässt sie später	– Eigenschaften (liebevolle, mütterliche, zart fühlende Haltung, Opferbereitschaft, Schicksalsergebenheit und Duldsamkeit, dabei geistiger Anspruch; dies war für Hebbel die Verkörperung seines Ideals einer Frau: durch Dulden Tun) – uneheliche Beziehung, uneheliche Schwangerschaft, wird vom Vater des Kindes verlassen
Karl	Karl, Sohn des Tischlermeisters Anton Schwarz aus München	– Name „Karl", Leichtsinn desselben – von Hebbel bezeugter Vorfall im Hause des Tischlermeisters: Karl wird eines Diebstahls verdächtigt und in Untersuchungshaft genommen (Mai 1837), Ehrverlust
	Friedrich Hebbel selbst	– Eigenschaften (Opposition gegen kleinbürgerliche, enge Welt, Streben nach Freiheit und Eigenständigkeit) – Auflehnung gegen den Vater
Leonhard	Hebbel selbst	– uneheliche Beziehung zu Elise Lensing – Schreibertätigkeit

Neben aus Hebbels Jugend und Umfeld stammenden Details wie z. B. dem Birnbaum (I, 5) oder dem immer wieder erwähnten Analphabetismus des Vaters (I, 3/7) sind vor allem die kleinbürgerliche Enge und die Härte des Vaters von prägender Bedeutung für das Drama gewesen. Dies findet in den Tagebüchern Hebbels mehrfach Erwähnung. Auch der Vorfall um den Sohn im Hause des Tischlermeister Schwarz wird in einem Brief an Siegmund Engländer (23. 2. 1863) ausdrücklich als Dramengrundlage genannt. In den direkten Erfahrungszusammenhang Hebbels ist die Tatsache zu bringen, dass Hebbel selbst unter extrem schwierigen sozialen und finanziellen Bedingungen aufwuchs und auch die meiste Zeit seines Lebens lebte.

Quellen

- Hebbel nennt, als die Schauspielerin Auguste Stich-Crelinger das Stück mit dem Hinweis auf die Schwangerschaft Klaras als unaufführbar zurückweist, explizit als thematisch ähnliche Dramen **Goethes *Faust*** mit dem schwangeren *Gretchen* und die Dirne *Klärchen* in ***Egmont***.
- Erst kurz vor dem Druck erhält das bürgerliche Trauerspiel den Titel *Maria Magdalena*. Der zuvor verwendete Arbeitstitel *Klara* wird fallen gelassen. Damit verknüpft Hebbel das Drama mit der **biblischen Figur aus dem Neuen Testament**, die in der Volkslegende zur heiligen Büßerin hochstilisiert wurde. Hebbel selbst weist allerdings in seinem Tagebuch darauf hin, dass er den Fehltritt Klaras nicht als einen solchen einschätzt. Der Heiligenname verweist damit eher allgemein auf weibliche Opferbereitschaft und Hingabe.
  Durch einen Fehldruck erscheint die Erstausgabe mit dem Titel *Maria Magdalene*. Hebbel hat dies zunächst nicht mo-

niert, verwendet aber in Briefen in der Regel die Form *Maria Magdalena*.[5]

Der Titel des Dramas

Nur auf Veranlassung des Verlegers bekam das Drama den Titel *Maria Magdalena,* denn Hebbel hatte ihm ursprünglich den Titel *Klara* nach seiner Hauptfigur gegeben.
Mit dem neuen Titel wird ein Bezug zur biblischen Figur der Maria von Magdala hergestellt, die in Mt. 28, 1, in Lk. 8, 2 und in Joh. 19, 25; 20, 1–18 Erwähnung findet. Sie ist eine von den Frauen, die Jesus nachfolgen und die mit ihrem Vermögen für den Unterhalt Jesu und seiner Jünger sorgen. Er hat sie von sieben bösen Geistern befreit (Mk. 16, 9). Maria ist bei der Grablegung Jesu dabei, und er erscheint ihr nach seinem Tode als Auferstandener.
In der kirchlichen Überlieferung wird Maria Magdalena der namenlosen Sünderin (Hure oder Ehebrecherin) aus Lukas 7, 35–50 gleichgesetzt. Im Mittelalter bekommt sie die Rolle einer Eremitin und Büßerin und wird weithin verehrt.
Obwohl sich Hebbel nicht ausdrücklich gegen den Titel gesperrt und dieser sicherlich auch die öffentliche Aufnahme des Dramas begünstigt hat, besteht kein augenfälliger Zusammenhang zwischen der biblischen Gestalt und der Hauptfigur Klara. Klaras Selbstmord ist kaum als Buße für eigenes Vergehen anzusehen, sie wird im Gegenteil durch ihren Vater dazu gedrängt.[6]

---

5 Zu dem philologischen Streit vgl. Edgar Hein: *Friedrich Hebbel – ‚Maria Magdalena'*. München: Oldenbourg, 1989 (Oldenbourg Interpretationen), S. 20.

6 Eine exemplarische Sammlung von Texten mit der Hauptfigur Maria Magdalena (von Jacobus de Voragine, Goethe, Balzac, Fontane, Virginia Woolf u. a.) findet sich in: Heinz-Georg Held (Hg.): *Maria Magdalena. Die heilige Sünderin.* Frankfurt a. M.: Ullstein, 1988.

Einordnung des Dramas in die Tradition des bürgerlichen Trauerspiels

Maria Magdalena gehört als wichtiges Drama in die Reihe der **bürgerlichen Trauerspiele**, die unter dem **Einfluss der englischen moralischen Sittenromane und Dramen** – George Lillos *The London Merchant,* 1731 und Edward Moores *The Gameste,* 1753 –, der französischen Komödie und vor allem unter der Bedingung des erstarkenden und zunehmend **selbstbewussteren bürgerlichen Standes** auch in Deutschland entstanden.

Voraussetzungen des bürgerlichen Trauerspiels:

Als bürgerliche Trauerspiele werden die Dramen bezeichnet,

- die Bürgerliche zu **Hauptfiguren** des Dramas machen.
- die die **bürgerliche Lebenssphäre**, Normen, Ideale und Wertvorstellungen verdeutlichen und sie gegebenenfalls gegen andere abgrenzen.
- deren **Konfliktstoff in einer betont bürgerlichen Welt** entsteht, aus dem Konflikt mit dem Adel, dem eigenen Stand oder im Zusammenstoß mit dem aufkommenden Arbeiterstand.
- die tragisches Geschehen in alltäglicher, bürgerlich häuslicher Situation entfalten.

Häufig bildet die Vater-Tochter-Beziehung eine wichtige dramatische Achse.

Als **erstes deutsches bürgerliches Trauerspiel** gilt **Lessings** *Miss Sara Sampson* (1753), dem 1767 das Lustspiel *Minna von Barnhelm* folgte. Den typischen tragischen Konflikt zwischen

Bürgerlichen und Adligen findet man im ersten Höhepunkt des bürgerlichen Trauerspiels bei Lessings *Emilia Galotti* (1772), **Schillers** *Kabale und Liebe* (1784) und Dramen von **Lenz, Klinger und H. L. Wagner**. In diesen Dramen wird die **Willkürherrschaft** des meist unmoralischen **Adels** über den in enger Familienbindung lebenden **bürgerlichen Stand** dargestellt. Scharfer Protest wird an sozialen und politischen Missständen geübt. Darüber hinaus zeigen sie das Scheitern des Individuums bei einer Auflehnung gegen die strikte Ständeordnung. Jeder Versuch der Überwindung von Standesgrenzen muss scheitern.

I. Konflikt der Bürgerlichen mit dem Adel

Hebbel repräsentiert mit seinem Drama *Maria Magdalena* (1844) eine zweite Phase der bürgerlichen Trauerspiels, in der der Konflikt nicht mehr in der Auseinandersetzung mit einem anderen Stand entsteht, sondern sich innerhalb des bürgerlichen Standes abspielt. Hier wird das **Individuum zum Opfer der eigenen Gesellschaft**, da kleinbürgerliche Moral und nach außen gerichtetes Ehrgefühl sich gegen den Menschen richtet, der aus der Enge und Starrheit dieser Regeln ausbrechen will und muss. Die bürgerliche Familie ist nicht mehr Schutzraum, sondern beengt und verpflichtet Einzelne über ihr Vermögen hinaus.

II. Konflikt innerhalb des Standes der Bürgerlichen

Eine dritte Phase des bürgerlichen Trauerspiels wird in der Zeit des Naturalismus erreicht und am einprägsamsten im deutschsprachigen Raum von **G. Hauptmann** (z. B. *Rose Bernd*, 1903, *Vor Sonnenaufgang*, 1889 u. a.) vertreten. Die Konflikte entstehen hier zwischen den selbstzufriedenen, häufig zu Reichtum gelangten und unmoralischen **Bürger-**

III. Konflikt zwischen Arbeitern und Bürgerlichen

lichen und den Arbeitern, die rechtlos und ausgeliefert sind. Lebenslügen und gesellschaftliche Missstände werden schonungslos offenbart, vorgetäuschte Ehrbarkeit und echtes Bemühen um Moralität und Normtreue einander gegenübergestellt. Mit dieser dritten Phase wird das bürgerliche Trauerspiel zum sozialen Drama.

In späteren Phasen wird das bürgerliche Trauerspiel abgelöst durch soziale Dichtungen. Durch Überzeichnung und Verzerrung wird Kritik an brüchigen Lebensformen und überkommenen Zuständen geübt. Dies drückt sich in Form von Satiren und Gesellschaftsgrotesken wie z. B. in Brechts *Kleinbürgerhochzeit* oder in *Die sieben Todsünden* aus. Andere Vertreter sind Wedekind, Sternheim, Kaiser, Toller und Hasenclever.

2.2 Inhaltsangabe

Handlungsverlauf und Bedeutung der Szenen

Akt I

1. Szene:

Das Drama beginnt mit einem Gespräch Klaras mit ihrer Mutter über deren Genesung von einer schweren Krankheit.

Das durch tief empfundenes Mitgefühl der Tochter geprägte ***Verhältnis zu der Mutter*** *und grundsätzliche* ***Einstellungen zur Rolle und Aufgaben der Frau*** *sowie zum Leben selbst werden deutlich. Das Leben wird als Vorbereitung und Bewährungsprobe für das ewige Leben angesehen. Das* ***Hochzeitskleid****, das die Mutter für den Dankgottesdienst trägt und das sie eigentlich als ihr „Leichenkleid" verwahrte, symbolisiert die Bereiche Leben und Sterben, Hochzeit und moralischen Lebenswandel und deutet die späteren Geschehnisse damit schon voraus.*

2. Szene:

Karl kommt hinzu und bittet nach einem kurzen Geplänkel mit seiner Schwester die Mutter um Geld.

In dieser Szene wird unmittelbar gezeigt, wie schwierig es selbst im kleinsten Bereich ist, religiöse Vorschriften und ***Harmonie im familiären Bereich*** *umzusetzen („Zank am Sonntagmorgen? Schäme dich, Karl!", S. 39). Außerdem bekommt der Zuschauer einen Einblick in das schwierige* ***Verhältnis zwischen Vater und Sohn****. Als Vorbereitung für den Diebstahlsverdacht werden* ***Geldsorgen Karls*** *erkennbar.*

3. Szene:

Nachdem Karl gegangen ist, macht sich die Mutter Sorgen über die möglicherweise fehlgeschlagene Erziehung ihres Sohnes. Auf die an Klara gerichtete Frage nach Leonhard reagiert diese abweisend. Klara beobachtet dann die Mutter, die auf dem Weg zur Kirche einen Blumenstrauß in ein offenes Grab wirft, und macht in einem Monolog deutlich, dass sie sich schuldig fühlt an der Krankheit der Mutter.

Vorausgedeutet *wird durch Blumenstrauß und Grab der spätere Tod der Mutter. Andererseits wird* ***zurückblickend*** *der Vorfall angedeutet, der für Klara moralisch belastend ist und das Verhältnis zu ihrem Verlobten Leonhard gestört hat. Die Gespräche geben Einblick in die* ***Beziehung zwischen Mutter und Sohn, Klara und Leonhard*** *und die* ***Rollenerwartungen an Männer und Frauen****. Die Mutter spricht überdies von den Schwierigkeiten des Umgangs mit einer* ***sich verändernden Welt****.*

4. Szene:

Leonhard tritt ein und erzählt Klara, dass er die Stelle als Kassierer bekommen hat und nun um ihre Hand anhalten will. In Erinnerung an die Nacht mit Klara, die zu ihrer Schwangerschaft geführt hat, werden Motive und Einstellungen Leonhards zum Ausdruck gebracht. Auch bei den Schilderungen, wie er zu seiner Stelle gekommen ist, werden Skrupellosigkeit und Egoismus Leonhards deutlich.

Klaras Schwangerschaft und damit die Notwendigkeit einer schnellen Hochzeit sind Thema dieser Szene. Ihre ***Zwangslage*** *verschärft sich dadurch, dass Klara den wahren* ***Charakter Leonhards*** *erkennen muss.*

5. Szene:

Meister Anton tritt ein. In langen Ausführungen legt er sein Menschenbild und besonders seine Einstellung zu seinem Sohn dar. Verbitterung über den Sohn und ihm unverständliche neue Sitten und Gewohnheiten führen zu harten und zynischen Aussagen. Meister Anton hat schon von der neuen Stellung Leonhards erfahren. Gesprächsgegenstand der folgenden Ausführungen sind aktuelle (Konkurs des Apothekers) und vergangene (Tod des alten Gebhard) tragische Geschehnisse in der Nachbarschaft.

Als angehender Schwiegersohn hat sich Leonhard tausend Taler von Meister Anton als ***Mitgift*** *erhofft. Er muss nun mit dem* ***Verzicht*** *darauf fertig werden. Nicht der Konkurs, wie er befürchtete, sondern moralische Verpflichtungen gegenüber dem alten Gebhard haben die erwarteten tausend Taler aufgebraucht. Die langen Ausführungen verdeutlichen die* ***schwere Kindheit des Meisters Anton*** *und die daraus resultierende* ***Lebenseinstellung****. Religiöse und moralisch* ***feste Grundsätze*** *bestimmen sein Leben.*

6. Szene:

Die Mutter kommt von der Kirche und wird Zeugin, wie Leonhard aus der Zeitung von einem Juwelendiebstahl vorliest. Die Anzeichen verdichten sich, dass Karl in die Sache verwickelt ist. Der Vater verdächtigt seinen Sohn sofort, während die Mutter ihn verteidigt.

Neben einem Eindruck von den ***Rollenerwartungen an Mann und Frau*** *wird wieder der Tod der Mutter vorausgedeutet. Die* ***völlig unterschiedlichen Einschätzungen Karls durch Vater und Mutter*** *(„Er ist anders als du, muss er darum gleich schlecht sein?", S. 57) werden kontrastiert.*

7. Szene:
Der Gerichtsdiener Adam tritt mit einem Gehilfen ein und gibt die Verhaftung Karls wegen eines Juwelendiebstahls bekannt. Sie wollen das Haus durchsuchen. Leonhard hat damit einen Grund für die Rücknahme des Heiratsversprechens. Alle Umstände haben zur Folge, dass die Mutter unvermittelt stirbt, Meister Anton mit seiner Entehrung fertig werden muss und Klara – bei der toten Mutter – den Schwur, ihm nie Schande zu machen, abzwingt.
Rückblickend wird ein Zerwürfnis zwischen Anton und dem Gerichtsdiener Adam angedeutet. Die ***dramatischen Ereignisse verdichten sich für Meister Anton*** *(Tod der Frau, starke Gefährdung des Ansehens und der Ehre der Familie),* ***besonders aber für Klara*** *(Leonhard nimmt sein Heiratsversprechen zurück, Last der Rettung der Familienehre liegt auf ihr, aber der Schwur ist wegen der Schwangerschaft nicht zu halten).*

Akt II

1. Szene:
Meister Anton beklagt in langen Ausführungen Klara gegenüber sein Los. Während sie seiner Meinung nach nur eines weggelaufenen Verlobten wegen bekümmert sein muss, ist er für alle Zeit durch den nichtsnutzigen Sohn mit Schande überhäuft. Dazu entgeht ihm die Altersversorgung, für die der Sohn ebenfalls zuständig ist. Er wiederholt seinen Anspruch an seine Tochter auf deren ehrbaren Lebenswandel, andernfalls werde er sich umbringen.

Der Druck auf Klara wächst mit der ***Selbstmorddrohung des Vaters*** *und seinen Klagen über seine gesellschaftliche Stellung. Sein Alltag, seine Träume und seine Zukunftsvisionen sind besetzt von dem Gedanken an die* ***Schande****, die sein Sohn über sein Haus gebracht hat. Auf Klaras Einwand, dass Karls Schuld noch nicht erwiesen sei, reagiert er ebenfalls ichbezogen und auf das öffentliche Ansehen bedacht.*

2. Szene:

Allein gelassen bittet Klara Gott, sich ihres Vaters zu erbarmen und lieber sie an seiner Stelle aus dem Leben zu nehmen.

Die ***extreme Verzweiflung Klaras*** *wird in der Bitte um ihren Tod erkennbar. Diesen Wunsch kontrastiert sie mit vielen Beispielen von Lebensfreude und -bejahung.*

3. Szene:

Der Vater ist fortgegangen; deshalb kann er nicht unmittelbar erfahren, was der eintretende Kaufmann Wolfram, bei dem die Juwelen verschwunden waren, zu berichten hat. Es hat sich herausgestellt, dass seine eigene, dem Wahnsinn verfallene Frau die Juwelen versteckt hat. Er will Meister Anton nachreiten, um ihm die Botschaft von der bevorstehenden Entlassung seines Sohnes mitzuteilen.

Ein Schwerpunkt dieser Szene ist die ***Bedeutung des öffentlichen Ansehens für den Einzelnen****. Die Verwirrtheit der Frau Wolframs sollte nicht bekannt werden. Obwohl er den Verlust der Juwelen hatte geheim halten wollen, hat der Gerichtsdiener Adam die Gelegenheit genutzt, sich an Meister Anton zu rächen, und seinen Sohn sofort in Untersuchungshaft gesetzt.*

4. Szene:

In einem sehr kurzen Monolog gibt sich Klara nun die alleinige Schuld an allem. Sie ist dennoch nicht ohne Hoffnung.

Klaras ***Widerstreit der Gefühle*** *kommt hier zum Ausdruck. Auf der einen Seite ist es Freude über die Unschuld des Bruders, auf der anderen Seite ist sie dann die Einzige, die gegen Sitte und Gesetz verstoßen hat. Auch eine Ahnung als Vorausdeutung einer möglichen positiven Wendung des Schicksals zeigt sich.*

5. Szene:

Der Sekretär, die alte Jugendliebe Klaras, bringt die Botschaft von der Unschuld des Bruders. Er nutzt die Gelegenheit zur Erinnerung an alte Spiele und die gemeinsam verbrachte Jugend. Schließlich gibt er zu, dass er Klara immer noch liebt. Klara gesteht ihm daraufhin, dass sie seine Liebe immer noch erwidert, dass sie jetzt aber an Leonhard gebunden ist.

Zur Steigerung der Tragik des Geschehens scheint sich hier ein ***möglicher Ausweg aus Klaras Lage*** *zu zeigen: Der Mann, den sie liebt und der sie liebt, kommt zurück und macht ihr einen Heiratsantrag. Klara erzählt ihm in ihrer Ehrlichkeit aber von der Schwangerschaft, und der Sekretär ist ebenfalls so an Normen und äußeres* ***Ansehen*** *gebunden, dass er darüber nicht hinwegsehen kann. Überdies zeigt sich noch, dass durch eine* ***unglückliche Verkettung von Umständen*** *und Einwänden anderer die Situation Klaras derartig eskaliert ist (S. 74/75).*

6. Szene:
Wieder ist Klara allein und bedenkt ihre Zukunftsaussichten. Nachdem sich die unvorhergesehene Hoffnung genauso schnell wieder zerschlagen hat, bleibt für sie nur noch die Heirat mit Leonhard oder der Selbstmord. Das Letztere verbietet sie sich aber vorerst noch.
*Nach dem Wiedersehen mit der Jugendliebe ist die Vorstellung einer Heirat mit Leonhard für sie das **Betteln um ihr „tiefstes Elend“**. Der **Schwur des Vaters** bestimmt weiterhin alle Entscheidungen für die Zukunft.*

III. Akt

1. Szene:
In seinem Büro sitzend reflektiert Leonhard monologisch seine und Klaras Situation. Er verwünscht den „verfluchten Abend“, an dem er Klara schwängerte, will aber vor allem seine Zukunft sichern.
*Seine Gedanken kreisen um sein **Motiv für die Verführung** Klaras („Es war in mir wirklich mehr die Eifersucht als die Liebe“, S. 78); er bedauert Klara, hat aber seinerseits schon ein **Verhältnis mit der buckligen Nichte** des Bürgermeisters angefangen.*

2. Szene:
Klara kommt zu Leonhard, erklärt ihm ihre Situation und bittet ihn eindringlich, sie zu heiraten. Sie bietet ihm an, alles von seiner Seite zu ertragen, sogar sich binnen kürzester Zeit umzubringen, wenn er mit der Heirat hilft, ihren Schwur einzuhalten und den Selbstmord des Vaters zu verhindern. Leonhard rät ihr, alles nicht zu ernst zu nehmen.

Auf Klaras dreimalige beschwörende Aufforderung, sie zu heiraten, reagiert Leonhard mit der Gegenfrage nach ihrer ***Liebe****. Im starken Kontrast zum* ***Heiratsantrag*** *des Sekretärs und ihrer freimütigen Beteuerung ihrer Liebe verweigert sie hier die Auskunft. Stattdessen malt sie in düsteren Bildern aus, in welcher Weise sie sich ihm unterordnen und sogar zum Selbstmord bringen ließe, nur um die Drohung des Vaters abzuwenden. Wie unterschiedlich beide mit der Situation umgehen, wird deutlich, als Leonhard ihren Fall als nicht besonders schildert. Ein* ***Schicksal*** *wie das ihre habe in den meisten Fällen ein gutes Ende gefunden.*

3. Szene:

Leonhard bekommt in Anwesenheit Klaras Blumen von der buckligen Nichte des Bürgermeisters. Er steckt sich eine Blume an und lässt die dunkelroten symbolträchtig zurücktragen.

Wie schon im ersten Akt werden Blumen als Ausdruck von Gefühl eingesetzt. Hier wird allerdings der berechnende und nicht von Herzen kommende Gebrauch der ***Blumensprache*** *erkennbar.*

4. Szene:

Leonhard erklärt Klara, dass er inzwischen eine neue Verbindung eingegangen ist. Sie solle ihrem Vater sagen, dass er im Prinzip daran schuld ist, dass seine Tochter jetzt nicht heiratet, da er ja die Aussteuer weggegeben habe. Klara entscheidet daraufhin ihren Selbstmord. Leonhard aber glaubt ihr diese Absicht nicht, da er ihre moralische Haltung kennt und annimmt, dass sie nie die Sünde des Kindesmordes begehe. Für Klara ist aber der Tod ihres Vaters, für den sie dann verantwortlich wäre, schlimmer als alles andere. Sie weiß um ihren ausweglosen Konflikt („Mich trifft's immer!", S. 84).

Leonhard rechtfertigt sich gegenüber Klara damit, dass er vom „Gefühl, wie vor dem Gesetz" (S. 82) frei gewesen sei. Weiterhin argumentiert er mit der Torheit des Vaters und setzt das Wissen um Klaras moralische Integrität ein, wenn er ihr vorhält, dass ein ***Selbstmord*** *in ihrem Fall mit der Sünde des* ***Kindesmordes*** *gekoppelt ist. Klara ist aber „beides lieber als* ***Vatermörderin****" (S. 83).*

5. Szene:

Nachdem Klara gegangen ist, drücken Leonhard Gewissensbisse; er denkt kurzfristig wieder über eine Heirat Klaras nach, ist aber froh, als er durch das Eintreten des Sekretärs aus seinen Gedanken gerissen wird.

*Vom Standpunkt der Rationalität her hält Leonhard es nicht für richtig, einen „****verrückten Streich****" durch den „allerverrücktesten" der Heirat abzuwenden. Dennoch ist er fast entschlossen, Klara nachzugehen.*

6. Szene:

Der Sekretär kommt mit zwei Pistolen und fordert Leonhard zugleich zum Duell auf. Leonhard will ihn besänftigen und stellt sogar eine mögliche Heirat Klaras in Aussicht. Doch der Sekretär lässt sich nicht darauf ein. Leonhard solle sie nie wieder berühren. Daraufhin zwingt er Leonhard, mit in den Wald zu gehen.

Heirat und Sterben werden wie schon in der ersten Szene (Akt I) verknüpft. Leonhards Tod wird durch das umgeschüttete Glas Wasser vorausgedeutet.

7. Szene:

Karl kommt aus der Untersuchungshaft nach Hause und findet keinen vor. Allein im Haus überdenkt er die Regeln und kleinlichen Ordnungen, die in diesem Haus gelten.

Karl gibt Beispiele für die alle Bereiche betreffende und ***beengende Hausordnung****. Selbst körperliche Reaktionen sind geregelt. Der im Hause Meister Antons herrschende Zwang führt für Karl zum* ***Ausbruch*** *(„Nachher zu Schiff!", S. 87).*

8. Szene:

Als Klara kommt, lässt er sich von ihr die Flasche Wein geben, die sie eigentlich für den Geburtstag der Mutter aufbewahrt hatte. Während er hastig trinkt, erzählt er Klara von seinen Plänen: Er will den Gerichtsdiener umbringen, der schuld ist am Tod seiner Mutter, und dann zur See fahren. Zu Hause habe der Vater ja immer noch sein „Schoßkind" Klara. Als er Klara um ein frisches Glas Wasser bittet, beschließt sie in ihrer Not, ein Unglück vorzutäuschen und sich in den Brunnen zu stürzen.

Karls Reaktion auf seine Verhaftung ist gewalttätige Rache und dann Ausbruch aus der Situation. Nur die Bindung an die Mutter hatte ihn gehindert, das Elternhaus zu verlassen. Klara kann nur Gewalt an sich selbst üben und sich durch Selbstmord der Welt entziehen.

Noch einmal werden ***Rollenverteilung*** *und die* ***unterschiedliche Bindung der Kinder an je ein Elternteil*** *deutlich. Klaras beständiges Kreisen um das Wohlergehen des Vaters wird so noch plausibler.*

9. Szene:

Karl bleibt singend allein zurück.

Der Text seines Liedes ist ***abenteuerlustig, zukunftsorientiert****. Er glaubt sein Leben noch vor sich zu haben. Auch dies steht im* ***Kontrast zu Klaras Perspektive****.*

10. Szene:

Sobald Meister Anton das Haus betritt, streiten sich Vater und Sohn. Es geht um Ehre, Rache am Gerichtsdiener, die Mutter, Entschuldigungen und Verbote.

Meister Anton versucht – trotz der Volljährigkeit des Sohnes – ihn durch Verbote und Zurredestellen zu maßregeln und damit seine ***Dominanz*** *zu beweisen. Karl leistet verbalen Widerstand.*

11. Szene:

Der Sekretär kommt schwer verwundet ins Haus Meister Antons. Leonhard ist im Duell gestorben. Karl findet Klaras Leiche im Brunnen. Ihm wird klar, dass es sich um Selbstmord handelt, Meister Anton will dies nicht wahrhaben. Auch als der Sekretär ihn für den Tod der Tochter verantwortlich macht, weist er alle Schuld von sich und meint, dass Klara ihm „nichts erspart" habe. Er versteht „die Welt nicht mehr" (S. 94).

Der Sekretär ist noch im Sterben um das ***Mitleid*** *des Vaters für seine Tochter bemüht. Dieser kann und will aber keinen* ***Verstoß gegen Regeln verzeihen oder verstehen****. Selbst nachdem er alle Familienmitglieder verloren hat, geht es nur um ihn („Sie hat mir nichts erspart", S. 94).*

2.3 Aufbau

Offene und verdeckte Handlung

Das dramatische Geschehen beginnt lange vor der gezeigten Handlung. Außerdem gibt es Handlungsteile, die zwar im Verlauf des dramatischen Geschehens passieren, aber nicht auf der Bühne gezeigt werden.
Zu den **vor dem ersten Akt erfolgten Geschehnissen**, die die dramatischen Ereignisse wesentlich beeinflussen, gehören:

- Auseinandersetzung Meister Antons mit dem Gerichtsdiener, Kränkung der Ehre Adams in der Öffentlichkeit (S. 59, S. 70)
- schwere Krankheit und Genesung der Mutter (S. 38)
- Rückkehr Friedrichs (Sekretär); erstes Wiedersehen mit Klara (S. 43 f.)
- emotional erpresster Sexualakt aus Eifersucht, Klaras Schwangerschaft (S. 44, S. 74)
- Leonhards intrigante Erschleichung des Postens als Kassierer (S. 45–47)
- Ausführung von Tischlerarbeiten bei Wolfram durch Karl (S. 57)
- Verdächtigung Karls als Juwelendieb durch Wolfram (S. 69)
- Versuch der Vertuschung der geistigen Verwirrtheit der Frau Wolframs (S. 68 f.)
- Verschuldung und Selbstmordversuch Meister Gebhards, Antons Weggeben der Mitgift Klaras an Meister Gebhard aus Dankbarkeit (S. 53–55)

Zu den **verdeckten** – d. h. nicht auf der Bühne gezeigten – **Ereignissen** gehören:

- Mutter geht über den Friedhof, spricht mit dem Totengräber, „besetzt" ein fertiges Grab durch einen Blumenstrauß (S. 41 f.)
- Karl wird verhaftet und durch den Gerichtsdiener Adam öffentlich entehrt (S. 69 f., S. 92)
- Mutter wird begraben (II, 1), Karl hört die Begräbnisglocken im Gefängnis (S. 86)
- Leonhard schreibt den Brief mit der Entlobung von Klara, wirbt um die bucklige Nichte des Bürgermeisters (S. 82)
- Meister Anton besucht den tauben Holzhändler im Gebirge (S. 67)
- Wolfram findet die Juwelen wieder (S. 69)
- Karl wird aus dem Gefängnis entlassen (S. 71 / S. 86)
- Leonhard und Friedrich duellieren sich, Leonhard wird erschossen, Friedrich lebensgefährlich verletzt (S. 92)
- Klara stürzt sich in den Brunnen und stirbt (S. 93)[7]

Motivation und Vorantreiben der Handlung

Die sukzessive Erhellung der Vorgeschichte und weiterer Ereignisse motiviert und begründet lückenlos und zwangsläufig das Verhalten der Personen und ihre weiteren Entscheidungen. So erfährt der Zuschauer durch den Hinweis auf die Verführung im Nachhinein, wodurch die Schuldgefühle Klaras ihrer Mutter gegenüber bedingt sind (S. 42/ S. 44 f.). Aber erst nach dem Gespräch Klaras mit dem Sekretär (II, 5) werden Umstände und Gründe der Verbindung Klaras mit Leonhard und die Unmöglichkeit der Auflösung derselben begreiflich gemacht. Die Enthüllung bringt gleichzeitig die Handlung voran: Der Sekretär fordert Leonhard zum Duell auf, in dem bzw. an den Folgen beide sterben.

7 Vgl. hierzu auch Eun-Sook Park: *Theorie, Text und Aufführungen – Untersuchungen zu Friedrich Hebbels ‚Maria Magdalena'*. Dissertation. Bielefeld 1995, S. 47 ff.

Als weiteres Beispiel für die enge Verknüpfung vorausgegangener und zukünftiger Handlungsweisen sei die Enthüllung über den Verbleib der tausend Taler genannt, die Klara als Mitgift zugedacht waren. Die verschenkten Taler geben einerseits Leonhard den wahren Grund, die Verlobung mit Klara zu lösen, und verschärfen gleichzeitig Klaras Situation. Andererseits werden wichtige Charakterzüge Meister Antons erkennbar und mit Kindheits- und Jugenderfahrungen begründet.

Struktur des Dramas

Konzentration auf drei Akte statt fünf

Maria Magdalena ist das erste bürgerliche Trauerspiel, in dem die Katastrophe im dritten Akt erfolgt und nicht – wie sonst üblich – innerhalb von fünf Akten die Handlung langsam entfaltet und zur Klimax (3. Akt) mit retardierendem vierten Akt im letzten Akt zur Katastrophe gebracht wird.[8] Hebbel verkürzt diese Struktur, indem er innerhalb des ersten Aktes verschiedene Teile einer Vorgeschichte enthüllt, die maßgeblich zur Entwicklung der Katastrophe beitragen bzw. diese bedingen. Schon am Ende des ersten Aktes ist der tragische Konflikt offensichtlich (Klara leistet den Schwur, den sie schon gebrochen hat), der Tod der Mutter ist ebenfalls ein dramatischer Höhepunkt. Im zweiten Akt wird dann aufs Ende ausgerichtet die weitere Handlung entwickelt. Dabei legt Hebbel den Schwerpunkt auf die inneren Vorgänge, die meist in Form von Monologen deutlich werden. Vorausdeutungen und Vorahnungen bereiten das Ende vor, eine mögliche Wende zum Guten (Sekretär heiratet Klara) wird gleich wieder als unmöglich dargestellt.

8 Eun-Sook Park: ebd., S. 46.

Miteinander verwobene Handlungsstränge

Um die Familienmitglieder Klara, Karl und Meister Anton konzentrieren sich drei Handlungsstränge, die auf plausible Art miteinander verwoben und verknüpft sind.

1. Meister Anton:
Durch seine Beleidigung des Gerichtsdieners Adam provoziert er das vehemente Vorgehen desselben im Falle Karls (S. 92). Der Verlust des Ansehens in der Öffentlichkeit lenkt seine Hoffnung auf Klara und führt zu ihrem Schwur und seiner bekräftigenden Androhung des eigenen Selbstmordes. Klara fällt für sich die Entscheidung zum Selbstmord; Meister Anton bleibt allein zurück.

2. Karl:
Sein Leichtsinn und seine Schulden führen zum Diebstahlsverdacht und zu seiner Inhaftierung. Nach der Aufdeckung des Falles und seiner Entlassung aus der Haft kommt es zum offenen Streit mit seinem Vater. Da die Mutter nun tot ist, bindet ihn nichts mehr an sein Elternhaus. Er will zur See fahren und den Vater mit Klara zurücklassen.

3. Klara:
Die Identifizierung mit ihrer Rolle und die Internalisierung der Normen ihres Vaters machen es für Klara unmöglich, Widerstand zu leisten und eigene Ansprüche zu entwickeln. So kann sie sich Leonhards Drängen nicht entziehen, kann sich keinem offenbaren, ist auf die Heirat mit Leonhard angewiesen. Gerade zu diesem Zeitpunkt entdeckt sie aber die negativen Charakterzüge ihres Verlobten. Der Verdacht gegenüber Karl, der Tod der Mutter und der Schwur, den der Vater ihr

abzwingt, verstärken den Druck auf sie. Sie soll jetzt die Ehrbarkeit der Familie und die gute Erziehung der Eltern nach außen vertreten. Die Möglichkeit der Hochzeit mit dem Sekretär zerstört sie selbst mit dem Hinweis auf ihre Schwangerschaft. Da Leonhard inzwischen schon einer anderen das Heiratsversprechen gegeben hat, bleibt für sie nur der Selbstmord, selbst als sich Karls Unschuld herausstellt.

Diesen drei sich um die Hauptfiguren rankenden Handlungssträngen sind weitere Personen zugeordnet. Auch hier wird die straffe und lückenlose Handlungsführung deutlich. Die Ereignisse scheinen sich unausweichlich und strudelartig zu dem tragischen Ende hin zuzuspitzen. Die Motivierung der einzelnen Schritte ist jeweils das Glied einer Motivkette, die sich aus der Vergangenheit bis in die Zukunft reichend nachvollziehbar und glaubhaft erkennen lässt.

Die Mutter:
Die lange, schwere Krankheit und die besondere Bindung an ihren Sohn machen den unvermittelten Tod nach Bekanntwerden der Inhaftierung des Sohnes nachvollziehbar. Außerdem hat sie auf Klara mit Hinweis auf die Standesunterschiede eingewirkt, den Sekretär zu vergessen und sich lieber an Leonhard zu halten. Wegen der Krankheit der Mutter und dann wegen ihres Todes kommt der Sekretär nicht früher zu Klara.

Leonhard:
Die Inhaftierung Karls gibt Leonhard den willkommenen Anlass zur Auflösung des Verlöbnisses, da er es vor allem auf die Mitgift Klaras abgesehen hatte. Weil er damit rechnen muss, dass er Schwierigkeiten bekommt, wenn die Schwangerschaft Klaras nicht mehr zu verheimlichen ist, knüpft er zum frühest-

möglichen Zeitpunkt eine neue Verbindung, die ihm die Unterstützung des Bürgermeisters sichert. Damit ist es für Klara aber völlig unmöglich geworden, ihren Schwur auch nur zum Schein durch die Heirat mit ihm zu halten.

Das Geflecht der Motive

Das Drama ist bestimmt durch verschiedene, die Handlung motivierende Aspekte. Diese werden ergänzt durch viele als Vorausdeutung oder als Rückblick wirkende, symbolisch eingesetzte Elemente.

1. Das Todesmotiv:
Ein Schwerpunkt des Dramas ist der Tod. Dabei geht es erst um durch Krankheit oder Schock bedingten **Tod** (der Vater sieht auch diesen Tod als Mord durch den Sohn an), dann aber um gewaltsamen Tod durch **Selbstmord** (als Drohung oder vollzogener Selbstmord) oder **Mord** (Duell). Im Verlauf des Dramas sterben 5 Menschen: die Mutter, der Sekretär, Leonhard, Klara und ihr ungeborenes Kind. Auffällig ist hierbei, dass entsprechend der Rollenerwartung **männliche Aggressivität und weibliche Selbstzerstörung** zu erkennen sind. Konsequent wird das Todesmotiv von Anfang an in Handlung, Sprache und Dingsymbolen aufgenommen. Tod wird meist als **Strafe** für unehrenhaftes Verhalten gesehen oder in der Selbstmorddrohung als **Druckmittel** eingesetzt.

- Schon im ersten Satz des Dramas wird die schwere Krankheit der Mutter, das Bangen um ihren möglichen Tod aufgenommen. Die als Dingsymbole zu verstehenden Elemente „Brautkleid" und „Leichenkleid" verknüpfen Hochzeit und Tod, Vergangenes und Zukünftiges (S. 37).

- Die Mutter macht lange Ausführungen zum Leben vor und nach dem Tod (S. 38).
- Klara träumt dreimal, die Mutter läge im Sarg (S. 41).
- Totengräber und Blumenstrauß haben den Tod der Mutter vorausdeutende Funktion (S. 41).
- Meister Anton kommt bei seinem ersten Auftritt aus einem Trauerhaus, wo er die Maße für den Sarg nahm (S. 48).
- Die Mutter fällt bei der Nachricht über Karls Inhaftierung um und stirbt (S. 59).
- Der Vater droht mit Selbstmord im Falle der Nichteinhaltung des Schwurs Klaras (S. 65).
- Klara erbittet im Gebet ihren Tod, um ihren Vater zu retten (S. 67).
- Klara verbietet sich vorerst Selbstmordgedanken (S. 76 f.).
- Klara malt sich aus, wie sie sich in der Ehe mit Leonhard mit Rattengift umbringt und dabei Verwechslung vortäuscht (S. 80).
- Karl droht damit, den Gerichtsdiener umzubringen (S. 88).
- Der Sekretär fordert Leonhard zum Duell auf; es endet für beide tödlich (S. 92).
- Klara nimmt Selbstmord und Kindesmord eher in Kauf als den Tod des Vaters (S. 83 f.).

2. Das Schwurmotiv:

Die tragische Entwicklung der Ereignisse wird maßgeblich durch Schwüre vorangetrieben. Dies ist ein in der Tradition des bürgerlichen Trauerspiels häufig vorkommendes Motiv (*Kabale und Liebe, Die Kindermörderin* u. a.). Ein Schwur ist **im bürgerlichen Wertesystem eine unbedingte Verpflich-**

tung, ein Bruch sündhafte Verschuldung. Wie schon in früheren Dramen wird auch in *Maria Magdalena* deutlich, dass es **unterschiedliche Einstellungen** gibt. Trotz der **Unschuldsbeschwörungen** Karls sieht der Vater ihn dennoch in Folge der Verhaftung als Muttermörder an. Klara wird in die Kontrastrolle gedrängt, die sie aber nicht erfüllen kann, und der Vater begnügt sich in seiner Engstirnigkeit und Rigidität nicht mit einem Versprechen, sondern fordert einen Schwur. Ihr Tod ist die Folge des **väterlichen Schwurs**, denn die Versündigung als Selbstmörderin und Kindesmörderin wiegt für sie geringer als der Vatermord („Beides lieber als Vatermörderin!", S. 83). Kontrastiert wird Klaras Einstellung durch die Leonhards, der bürgerliche Normen und Schwüre nur für sich nutzt, sich aber nicht selbst durch sie gebunden fühlt.

- Die Mutter, von schwerer Krankheit genesen, ist sich zwar „nichts Böses bewusst", will aber dennoch die „frömmsten und besten Vorsätze" (S. 38) bezüglich eines gottesfürchtigen Lebens erneuern und sich an strenge Einhaltung ermahnen lassen. Klara wird sich durch dieses Vorbild noch stärker ihrer Sünde bewusst.
- Das Dilemma der unehelichen Schwangerschaft ist durch das Eheversprechen und die Einforderung des vorherigen Vollzuges der Ehe aus Eifersucht heraus bedingt („... du lästertest mein Herz, und ich traute ihm selbst nicht mehr, du standst vor mir, wie einer, der eine Schuld einfordert, ich – ach Gott!", S. 44).
- Durch die vermeintliche Schuld des Bruders und den Tod der Mutter konzentriert sich der Vater auf seine Tochter. Sie soll sich durch einen Schwur verpflichten, die Familienehre nach außen zu repräsentieren („... schwöre mir, dass du bist, was du sein sollst!", S. 61).

- Leonhard löst seinerseits den Eheschwur gegenüber Klara.
- Der Druck auf Klara nimmt zu durch den zusätzlichen Schwur des Vaters sich umzubringen:

  „Dein Bruder ist der schlechteste Sohn, werde du die beste Tochter! ... Werde du ein Weib, wie deine Mutter war, dann wird man sprechen: An den Eltern hat's nicht gelegen ... . In dem Augenblick, wo ich bemerke, dass man auch auf dich mit Fingern zeigt, werde ich – (mit einer Bewegung an den Hals) *mich rasieren, und dann,* das schwör ich dir zu, *rasier ich den ganzen Kerl weg ..."* (S. 64 f.)

- Dieser Schwur wird wiederholt („... vergiss du nicht, was du mir schuldig bist, halte du deinen Schwur, damit ich den meinigen nicht zu halten brauche!", S. 67).
- Zweimal begründet Klara ihre verzweifelte Bitte an Leonhard, sie zu heiraten, mit diesem Selbstmordschwur des Vater („Er hat's geschworen! Heirate mich!", S. 79).
- Leonhard kontert mit der Einforderung des Liebesschwures („Kannst du schwören, dass du mich liebst? Dass du mich so liebst, wie ein Mädchen den Mann lieben muss, der sich auf ewig mit ihr verbinden soll?", S. 79). Auch hier ist von vornherein klar, dass Klara diesen Schwur nicht leisten kann.
- Aber sie bietet in dieser Situation ihre Unterordnung und ihren Tod statt dessen („Aber dies kann ich schwören: ob ich dich liebe, ob ich dich nicht liebe, nie sollst du's erfahren!", S. 80).
- Klara nimmt die Schwüre außerordentlich ernst, weiß aber gleichzeitig, dass Leonhard eine andere Einstellung zu Schwüren hat als sie („Oh, ich glaub's gern, dass du nicht begreifst, wie irgendeiner in der Welt seinen Schwur halten sollte!", S. 81).

3. Das Motiv der Enge, der zeitlichen und räumlichen Begrenzung:

Die Starrheit und Enge des Blickwinkels Meister Antons, das rigide Festhalten an kleinlichen Normen und Gesetzen wird eindrucksvoll veranschaulicht durch das Motiv der Enge. Dies findet erst einmal seine adäquate Umsetzung in der **aristotelischen Einheit von Ort, Zeit und Handlung**. Das Drama enthält **kaum Zeitsprünge**; die schnell vorwärtsdrängende Handlung bedingt eine rasche Entwicklung des Unausweichlichen. Dazu kommt die **räumliche Beschränkung** auf Meister Antons Stube und das Zimmer Leonhards.

Gezeigt werden ausschließlich geschlossene Räume mit strenger Ordnung, die lediglich in der Vorstellung (Karl) kontrastiert werden mit freien und offenen Umgebungen. So werden Zwang und Unfreiheit der Personen, ihre Gebundenheit an soziale Zustände, Ideen und religiöse Vorstellungen einerseits und der Wunsch nach Ausbrechen aus dieser Enge andererseits deutlich gemacht.

- Meister Anton liebt die dicken Kirchentüren und das Beinhaus (S. 50).
- Karl wirft ihm vor, er wolle am liebsten in die eigene Faust kriechen, während Karl selbst am liebsten die eigene „Haut abstreifen" möchte „wie den Kleinkinderrock, wenn's nur ginge!" (S. 89).
- Die Szenerie lässt nur Ausblicke durchs Fenster zu; diese sind bezeichnenderweise die Blicke auf Friedhof und Grab.
- Meister Anton flieht in die Einsamkeit und Enge des Gebirges, um dem Gerede der Leute zu entgehen (S. 67).
- Karl sitzt erst im Gefängnis und entwickelt seinerseits die Vision von der Zukunft bei der Seefahrt. Dies ist mit der Vorstellung von Weite und dem Ablegen aller Verpflich-

tungen verbunden („... jetzt hält mich nichts mehr an der Hobelbank fest!", S. 89).

- Karl fühlt sich nicht nur durch die detaillierten Regeln („... wir haben hier im Hause zweimal zehn Gebote", S. 86), sondern auch durch die Normierungen durch Bürgerstand, Handwerkszunft und Religion gefesselt („Es lebe jeder brave Hund, der an der Kette nicht um sich beißt!", S. 88).
- Klara verbietet sich jeden Hoffnungsgedanken und zieht sich völlig in sich selbst zurück:

  „Zu! Zu, mein Herz! Quetsch dich in dich ein, dass auch kein Blutstropfe mehr heraus kann, der in den Adern das gefrierende Leben wieder entzünden will. ... Du müsstest dich selbst einriegeln in deine Hölle, wenn man dir von außen die Tore öffnen wollte." (S. 76 f.).

- Konsequenterweise begeht sie Selbstmord in der Enge des Brunnens.

2.4 Personenkonstellation und Charakteristiken

Die bürgerliche Familie

Gezeigt wird in *Maria Magdalena* eine kleinbürgerliche Familie in einer sich verändernden Zeit. Alle Personen sind durch die an sie gestellten Rollenerwartungen oder durch die konsequente Ablehnung derselben in ihrer Handlung bestimmt. Die äußeren gesellschaftlichen Zwänge und die innere Festgelegtheit der Personen entscheiden den Ausgang des Dramas.
Der **Vater** ist in allen Dingen das Oberhaupt der Familie. Er ernährt diese durch persönlichen Einsatz und Fleiß („sauren Schweiß", S. 38, S. 58); aller Besitz im Haus gehört ihm („Aber alles, was im Hause ist, gehört meinem Vater", S. 42). Er hat Autorität („Ja, ja, der Vater hat Recht", S. 39) und Verantwortung. Dies drückt sich auch in der respektvollen Anrede aus. („Klara ...: ‚Vater, Er sollte sich eine halbe Stunde niederlegen.'", S. 63). Überdies repräsentiert er die Familie nach außen. Ehrbarkeit ist von höchster Bedeutung („Meister Anton: ‚... Ich kann's in einer Welt nicht aushalten, wo die Leute mitleidig sein müssten, wenn sie nicht vor mir ausspucken sollen.'", S. 65). Er verheiratet die Tochter („Klara: ... er hat hundertmal erklärt, dass er seine Tochter nur dem gibt, der, wie er es nennt, nicht bloß Liebe im Herzen, sondern auch Brot im Schrank für sie hat.", S. 45) und bildet den Sohn aus („Früher glaubte die dumme Welt, der Vater sei da, um den Sohn zu erziehen.", S. 49). Als Mann darf er nicht weinen oder Angst zeigen (S. 40).
Die **Mutter** wird schon im ersten Akt als „gute Hausmutter" bestimmt (S. 56). Zu ihrer Aufgabe gehört es, die Kinder zu Frömmigkeit und Gehorsam zu erziehen, den Haushalt spar-

sam und reinlich zu führen, mildtätig zu sein (S. 38) und für Harmonie zu sorgen („Zank am Sonntagmorgen? Schäme dich, Karl!", S. 39). Sie sorgt dafür, dass diese sittsam bleibt („Aber nur darum hab ich ihm die Erlaubnis gegeben, dass er zu uns kommen darf, damit er dir nicht bei Nacht und Nebel aufpassen soll. Das hat meine Mutter auch nicht gelitten!", S. 40) und sich standesgemäß verheiratet (S. 75). Ihrem Mann ist sie untergeordnet. Dennoch findet sie selbst positive Worte über ihn, als er wenig charmant auf ihre gealterte Erscheinung verweist („Aufrichtigkeit ist die Tugend der Ehemänner.", S. 55).

Die **Tochter** ist zur Übernahme der Rolle einer Hausfrau und Mutter bestimmt („Werde du ein Weib, wie deine Mutter war", S. 64). Sie übt sich darin schon früh ein, pflegt Kranke, hilft im Haushalt, macht Handarbeiten. Nach dem Tod der Mutter übernimmt sie nahtlos den Haushalt. Ihr ehrsamer Lebenswandel und ihre Tugendhaftigkeit zeugen von der guten Erziehung der Eltern und rehabilitieren diese „vor dem Angesicht der Welt" (S. 64). Sie muss vor allem „die beste Tochter" sein, d. h. allen an sie gerichteten Erwartungen entsprechen (S. 64). Sie weiß um ihre äußerst beschnittenen Rechte als verheiratete Frau (S. 80), muss aber auch diesen Status durch ihre Tugendhaftigkeit verdienen („... ein anderer wird dich zum Weibe nehmen, wenn du's verdienst.", S. 63).

Vom **Sohn** wird erwartet, dass er in die Fußstapfen des Vaters tritt und für die Altersversorgung der Eltern aufkommt („dann kommt dein Sohn, der dir für das Alter ein weiches Kopfkissen stopfen sollte", S. 63). Auch von ihm wird untadeliger Lebenswandel erwartet. Dem Ansehen der Familie darf er nicht schaden. Auch er übt sich schon früh in die spätere Rolle des Familienoberhauptes ein. Sobald „der Vater nicht da ist, so ist der Bruder Vormund" (S. 87) über die Schwester und ordnet an.

Meister Anton:

- hat eine harte Kindheit und Jugend (S. 53 f.) verlebt, ist dadurch hart und verschlossen gegen sich und andere geworden.
- sagt von sich selbst, dass er ein steinernes Herz hat (S. 63), zeigt keine Gefühle der Trauer, Liebe, Wärme, des Verständnisses und Mitleids.
- Klara ist nach Ansicht Karls sein Lieblingskind (S. 89).
- ist nicht zärtlich, auch seiner Frau gegenüber nicht (S. 56).
- gibt sich sehr fromm und gottesfürchtig, ist aber nur sehr bedingt gutherzig.
- hat sehr feste Vorstellungen von Regeln und Verhaltensweisen (S. 86); Dinge und Menschen haben unverrückbaren (gesellschaftlichen) Platz (Hut am Nagel, Spielregeln im Umgang mit Sekretär, Gerichtsdiener etc.), innerhalb der Familie gibt es keinen Spielraum für den Einzelnen.
- liebt die Enge, Begrenztheit.
- duldet kein Anderssein, keine Späße (S. 57) und Vergnügungen, keinen Widerspruch.
- ist weltabgewandt, zynisch und ironisch, bitter und sarkastisch, verachtend, pessimistisch, kompromisslos.
- setzt andere unter Druck, sieht nur die eigene Not (S. 94).
- will seiner Rolle als Vater und Oberhaupt der Familie ohne Einschränkung gerecht werden.
- nimmt öffentliches Ansehen und Ehre übersteigert ernst.
- verkörpert die geltenden Normen, Werte und Maßstäbe, ist rigoros, starr und unbeirrbar, völlig von der Richtigkeit seiner Einstellungen und Forderungen überzeugt, ohne Selbstzweifel.

Meister Anton vertritt kompromisslos überlieferte kleinbürgerliche Werte. Dabei ist ihm aber der ehrbare Schein in der Öffentlichkeit wichtiger als alles andere. Sein Selbstverständnis und seine Selbstachtung sind unabdingbar an das öffentliche Ansehen gekoppelt.

Mutter:

- nimmt Sohn in Schutz (S. 57).
- entspricht den Rollenerwartungen an sie (sparsam, mildtätig, für die Erziehung der Kinder verantwortlich, ihrem Mann untergeordnet, fleißig und fromm.
- ist harmoniebedürftig, liebevoll, zärtlich.
- ist auf dienende Rolle eingestellt.
- hat das von ihr erwartete innige Verhältnis zur Tochter, aber ein noch intensiveres zum Sohn Karl (S. 39, 41, 49, 57), wirft sich vor, ihn verwöhnt zu haben.
- spürt in ihrer Irrationalität das Gute in Karl, hat aber Leonhards schlechten Charakter nicht erkannt und ihrer Tochter zugeraten (S. 75).
- findet praktische Lösungen (I, 2), entwickelt keinen Anspruch für sich selbst.
- sieht den eigenen Tod voraus.

Die Mutter bildet ein Gegengewicht zur väterlichen Autorität. Sie ist eher als Typ, nicht als individueller Charakter[9] zu sehen und hat dramatische Funktion.

Leonhard:

- spekuliert auf die Mitgift Klaras (S. 52).
- ist intrigant, berechnend, skrupellos, karriereorientiert.
- ist egoistisch und eifersüchtig.
- ist selbst lieblos, fordert aber Liebe für sich.
- nutzt alle Situationen für sich, sichert sich Beziehungen, nutzt Normen für sich und seine Zwecke.

---

9 Edgar Hein: *Friedrich Hebbel – ‚Maria Magdalena'*. München: Oldenbourg 1989, (Oldenbourg Interpretationen), S. 47.

- gefällt sich in der Rolle der „Schlange" (listig, klug, S. 46).
- ist nur kurzzeitig von Reue und Mitleid geplagt.
- lenkt ein, wenn es für ihn von Vorteil ist.

Leonhard gehört zur Gruppe der Vertreter neuer Werte. Er kontrastiert in seiner Skrupellosigkeit die normentreue Klara.

Klara:

- ist selbstverleugnend, ordnet sich unter, gehorsam bis zur Selbstvernichtung.
- übernimmt die ihr zugewiesene Rolle widerstandslos (pflegt kranke Mutter, versorgt verwitweten Vater, führt den Haushalt, bedient den Bruder, lässt sich von ihm bevormunden (dem damaligen Recht entsprechend)).
- ist opferbereit, will z. B. alles auf sich zu nehmen, wenn Leonhard sie heiratet (S. 80).
- lässt sich erpressen, hört auf die Mutter und auf andere Leute (S. 75).
- ist schuldbewusst, dienstbar, will ihrer Rolle als Tochter im vollen Umfang entsprechen.
- ist fromm und gottesfürchtig, ehrlich.
- wagt es nicht, einen eigenen Anspruch anderen gegenüber deutlich zu machen (gesteht Liebe zum Sekretär erst, als es ohnehin zu spät ist).
- ist schicksalsergeben.
- ist zu gut für die irdische Welt.

Zur Einschätzung der Rolle Klaras gibt es unterschiedliche Positionen in der Literatur:

1) Sie wird als passiv, willenlos, als Opfer, aus der Welt gedrängt gesehen.
2) Ihr Sichfügen wird als freiwillige Unterordnung unter Notwendigkeiten verstanden. Ihr Handeln dokumentiert damit

Einwilligung in die göttliche Ordnung, das Selbstopfer geschieht aus Liebe zum Vater.[10]

3) Diese zweite Position entspricht Hebbels Auffassung: „Durch Dulden Tun: Idee des Weibes."[11] Die Sünde, nicht geliebt zu haben, wird durch das Selbstopfer gesühnt.

Karl:

- sperrt sich gegen die Bevormundung und Strenge im väterlichen Haus.
- lehnt sich gegen den Vater durch Tat und Wort auf, widerspricht ihm offen (S. 92).
- macht grundsätzlich aus seiner Meinung kein Geheimnis.
- ist leichtsinnig und mit jugendlichem Drang nach Regellosigkeit, aber im Grunde seines Herzens gut (lässt die Mutter nicht allein, geht nicht zur See, damit sie sich keine Sorgen machen muss, S. 89).
- gilt als „Säufer und Schuldenmacher" (S. 70).
- ist männlich im Hinblick auf seine Forderung nach Freiheit und Selbstbestimmtheit, möchte in die Welt gehen.

Karl bildet einen Gegenpart zu seinem Vater. Er ist Repräsentant der neuen gesellschaftlichen Normen und Vorstellungen.

---

10 Position von K. May in: May: *Hebbels ‚Maria Magdalena' – Form und Bedeutung*. Stuttgart 1957.

11 Friedrich Hebbel: *Sämtliche Werke*. Historisch-kritische Ausgabe. Abt. 2: Tagebücher. 4. Band. Tagebucheintragung 1516, Februar 1839. Berlin: Behr, 1905, S. 286.

2.5 Sachliche und sprachliche Erläuterungen

1. Akt:

S. 37: Myrtenbaum: kleinblättriges Bäumchen mit weißen Blüten, wird als Zeichen der Reinheit zur Hochzeit als Kranz gewunden.
S. 37: im Scherben: Blumentopf
S. 38: den sauren Schweiß eures Vaters zusammengehalten: Das mit schwerer körperlicher Arbeit des Vaters verdiente Geld nicht unnütz ausgegeben.
S. 39: oder ein anderes Fahnenstück auf dem Wege war: Es wurde für ein neues (schmückendes) Kleidungsstück gespart.
S. 40: Das hat meine Mutter auch nicht gelitten: Das hat meine Mutter auch nicht geduldet.
S. 41: Docke: Puppe
S. 48: Dirne: Mädchen oder junge Frau (hier ohne negative Bewertung)
S. 52: Mahlschatz: hier Mitgift
S. 61: Wir wollen Spießruten laufen: Wir wollen uns öffentlich zeigen und dem Spott und der Verachtung aussetzen (früher Strafe beim Militär).

2. Akt:

S. 62: wilder Schierling: giftige Pflanze
S. 63: Hippe: sichelförmiges Messer als Attribut des allegorisierten Todes
S. 64: in die Wochen gekommen: schwanger geworden
S. 65: rasier ich den ganzen Kerl weg: bringe ich mich um.
S. 66: der Mann mit der goldenen Kette um den Hals: der Bürgermeister (spricht Urteile)

S. 76: sieh die weißen Haare meines Vaters an: aus Rücksicht auf das Alter und die Ehre meines Vaters

3. Akt:

S. 82: Stiefelknecht: besonders geformtes Holzbrett, das zum Ausziehen von Stiefeln verwendet wird.
S. 86: Rotrock: Gerichtsdiener (die rote Uniformjacke (früher Rock genannt) als Zeichen)
S. 89: die nach jedem Sturm aufhören würde, Fische zu essen: Ausdruck der Angst, dass der Sohn im Meer ertrunken ist.
S. 89: Schoßkind: Lieblingskind
S. 94: Pharisäer: selbstgerechte, heuchlerische Menschen[12]

12 Weitere Erklärungen in alphabetischer Reihenfolge finden sich im Glossar der dtv Bibliothek der Erstausgaben (Joseph Kiermeier-Debre (Hg.): *Hebbel, ‚Maria Magdalene'*. München: dtv, 1997).

2.6 Stil und Sprache

Hebbel hat verschiedentlich (z. B. in seinen Tagebüchern, in dem Aufsatz *Über den Stil des Dramas* (1847) und in seinem *Vorwort* zu *Maria Magdalena*) betont, wie wichtig ihm die formale Gestaltung ist. Er entwickelte – z. T. sehr bildreich und abstrakt – Grundgedanken zu den Möglichkeiten und Aufgaben des Dramas und besonders der Tragödie als der höchsten Form der Poesie und Kunst überhaupt. Auch äußerte er sich kritisch über einfallslose Rezensenten und Stilklischees. Alle formale Konzeption ist für ihn der inhaltlichen, nämlich der Vermittlung zwischen der Idee und dem Welt- und Menschenzustand, untergeordnet.

Die Sprachgestaltung in *Maria Magdalena* ist einerseits durch Hebbels Wunsch geprägt, die Alltagssprache der Bürgerlichen aufzunehmen. Dennoch kann man keinesfalls von einer umgangssprachlichen oder naturalistischen Sprachverwendung sprechen. Das sprachliche Verhalten der Charaktere in seinem Drama ist vielmehr gekennzeichnet durch eine Vielzahl von gezielt eingesetzten Stilmitteln, durch aussagekräftige Symbole und Metaphern. Auch die sprachliche Präsenz der Charaktere bzw. ihr Verstummen (Aposiopese) bildet gezielt innere Handlung und Entwicklung ab.

formal komplexe Gestaltung

Klaras sprachliche Präsenz

Klara kann sich keinem anvertrauen und ist in ihrer Notlage extrem isoliert. Dies hat seine Konsequenz in der sprachlichen Präsenz und Ausdrucksform Klaras.

Redeanteile Klaras in den drei Akten:

I. Sobald er aufgetreten ist, nimmt Meister Anton den größten Teil der Redezeit für sich in Anspruch. Der übermächtige Vater stellt sich und seine Ansichten durch lange, monologartige Sequenzen dar. Klara, die eigentliche Hauptfigur, tritt in den Hintergrund. Alle auftretenden Personen haben größere Redeanteile als sie, abgesehen von einem Monolog am Ende der dritten Szene nach dem Weggang der Mutter. Bis hin zur letzten Szene des ersten Aktes ist sie sprachlich zunehmend weniger präsent und verstummt dann beinahe völlig. Sie ist schließlich nur noch zu Ausrufen („Ja! Ja! O mein Gott!", S. 60; „Mutter! Mutter!", S. 59) und gestammelten Beschwörungen („Vater, Er ist schrecklich!", S. 60) in der Lage. Der Schwur am Schluss wird mit großen Pausen dem Vater (mit kleiner, aber wichtiger Abweichung) nachgesprochen.

zunehmend geringere sprachliche Präsenz Klaras

II. Von der Struktur her auffällig ist, dass in diesem Akt jede zweite Szene einen Monolog Klaras darstellt, in dem sie ihre Konfliktsituation reflektiert. Es ist konsequent, dass den anderen auftretenden Personen die größeren Redeanteile gegeben werden. Meister Anton beklagt ausführlich sein Schicksal und stellt sich in den Mittelpunkt. Weiterhin werden Informationen gegeben (Wolfram berichtet über die Entdeckung der Juwelen) und Erklärungen geliefert (Beziehung des Sekretärs zu Klara). Klara kann sich keinem wirklich anvertrauen und selbst die Gefühlsausbrüche (vgl. II, 5) enden schnell wieder in Sprachlosigkeit. Klaras Monologe sind deshalb Gebete („O Gott, o Gott! Erbarme dich! Erbarme dich über den alten Mann!", S. 67) und Selbstgespräche („Nun, Klara? Ja, Vater, ich gehe, ich gehe! Deine Tochter wird dich nicht zum Selbstmord treiben!", S. 77), die weniger um die eigene Person als um ihren Vater kreisen.

jede zweite Szene als Monolog Klaras / Gebete oder Selbstgespräche

III. In diesem Akt monologisieren die Männer um Klara: Leonhard, der Sekretär und Karl. Sie sind jeweils mit ihrer Situation beschäftigt. Klara bringt (in III, 2) ihr Anliegen, sie zu heiraten, Leonhard gegenüber noch einmal eindringlich zum Ausdruck. Nachdem Leonhard sie endgültig abgewiesen hat, beschränkt sie sich auf nonverbales Verhalten („nickt", S. 81) oder spricht „wie geistesabwesend" (S. 82) und stammelnd. Sie bricht im Satz ab („Karl, du wirst doch nicht –"; „Bruder, du redest –", S. 88), redet für den Bruder in Rätseln („Klara: ‚... Ja, ich muss fort, fort.' – Karl: ‚Was soll das heißen?'", S. 89). Die letzten Worte sind das bruchstückhaft aufgesagte Vaterunser („Vergib mir, wie ich – Sei mir gnädig – gnädig –", S. 91), bevor sie Selbstmord begeht.

Verstummen Klaras

Durch Redeanteil und Sprachgestaltung Klaras wird ihre Vereinzelung sichtbar.[13] Ausgehend von Gesprächen, dann über vorwiegend monologisch gestaltete Szenen verstummt sie schließlich völlig und teilt sich am Schluss nicht einmal mehr dem Zuschauer mit. Bevor sie körperlich verschwindet und durch den Selbstmord die Welt verlässt, ist sie schon sprachlich nicht mehr präsent. In ihren Monologen aber wird ihre Sprache dichterisch, ausdrucksstark und bildreich. Dadurch enthüllt sich die Doppelnatur Klaras:

tragische Größe Klaras

> *„Als Tochter und gehorsame Magd im Hause ihres Vaters verstummt sie, sie gewinnt ihre Sprache gegenüber dem Absoluten. In ihrer metaphysischen Vereinsamung wächst sie heraus zu einem hohen tragischen Selbstbewusstsein."*[14]

---

13 Vgl. auch: Hartmut Reinhardt: *Friedrich Hebbel: ‚Maria Magdalena'*. In: Helmut Kreuzer (Hg.): Friedrich Hebbel. Darmstadt: Wissenschaftliche Buchgesellschaft, 1989 (Wege der Forschung, Bd. 642), S. 402.

14 E. Hein: *Fr. Hebbel: ‚Maria Magdalena'*. München: Oldenbourg, 1989, S. 55.

Dialoggestaltung:

Die für Klara festgestellte Isolation lässt sich ausweiten durch eine Untersuchung des insgesamt monologischen Charakters der Kommunikation. Bei genauerer Betrachtung zeigen auch die Dialoge, wie wenig sich die Personen aufeinander beziehen können. Der Schein des Zusammenhalts in der bürgerlichen Familie trügt. Verstehen und Verständigung sind nicht möglich, stattdessen herrscht Vereinzelung.

Vereinzelung statt Kommunikation

Folgende Merkmale kennzeichnen die Kommunikation im Drama:

a) Monologe und längere monologische Sequenzen
Klara: z. B. S. 41 f., S. 67, S. 70, S. 76 f.
Meister Anton: S. 48–51, S. 53 f., S. 58, S. 63–67
Karl: S. 86 f.
Leonhard: S. 78, S. 84
Sekretär: S. 72 f.
Mutter: S. 37 f.

Monologe

b) Die Personen sprechen auf verschiedenen Ebenen, reden aneinander vorbei.

Aneinander-vorbei-Reden

„Mutter: ‚… wo ich die frömmsten und besten Vorsätze meines Lebens fasste. Es soll mich an die mahnen, welche ich noch nicht gehalten habe!'
Klara: ‚Du sprichst noch immer wie in deiner Krankheit.'" (S. 38)
(vgl. auch S. 89 f.)

Themenwechsel

c) Es entsteht eine Diskontinuität des Gesprächsverlaufs. Die Redeteile gehen nicht aus dem vorher Gesagten hervor, sondern es wird sprunghaft zum nächsten Thema gewechselt.

„Klara: ‚... was sagte er? Versuch doch, ob du mir den verfluchten Span nicht aus dem Auge herausbringen kannst, man hat so viel zu tun und kommt nicht vom Fleck!'
Mutter (lächelnd): ‚Ja, ja! Ich sehe den Leonhard ja gar nicht mehr. Wie kommt das?'" (S. 40)

nonverbale Kommunikation, Beiseitesprechen

d) Häufig wird das Beiseitesprechen der Personen eingesetzt (S. 41, 53). Die durch die Regieanweisungen gekennzeichnete Gestik und Mimik verstärkt den Eindruck der Isolation. Sie wenden sich also nicht an den anwesenden Gesprächspartner, sondern sprechen für sich bzw. für das Publikum (z. B. S. 82: „Er reicht ihr den Brief, sie nimmt ihn mechanisch.", „für sich", „er streicht ihr die Locken zurück, sie lässt es geschehen, als ob sie es gar nicht bemerkte", „wie geistesabwesend", „Für sich").

Sprachgestaltung

Die Sprachgestaltung des Dramas ist einerseits den Personen und ihren Charaktereigenschaften angepasst. Darüber hinaus ist aber eine Fülle von gezielt eingesetzten Stilmitteln zu beobachten, die in ihrer Dichte auch den Eindruck hervorgerufen haben, *Maria Magdalena* sei eher zum Lesen als zur Aufführung geeignet[15], obgleich Hebbel ausdrücklich Darstellbarkeit

15 Zur Sprachgestaltung und Kritik vgl. Eun-Sook Park: *Theorie, Text und Aufführungen – Untersuchungen zu Friedrich Hebbels ‚Maria Magdalena'*. Dissertation. Bielefeld 1995, S. 60 ff.

reflektiert hat („Eine Dichtung, die sich für eine dramatische gibt, muss darstellbar sein", Vorwort zu *Maria Magdalena*, S. 16). Vorherrschend ist der antithetische und durch reiche Bildlichkeit geprägte Stil. Hebbel rechtfertigt seine komplexe Sprache mit der Wichtigkeit des Themas und (u. a.) dem Hinweis auf Shakespeare.[16]

Sprachliches Mittel	Erklärung	Textbeleg
Chiasmus, Antithese	Hervorhebung der Kontraste, thematischer Gegensatz, Verknüpfung mit Symbolgeflecht (hier: Leben – Tod, weltliche – himmlische Hochzeit, Reinheit – Sünde etc.)	„Mein Brautkleid ist's nicht mehr; es ist nun mein Leichenkleid." (S. 37)
Metaphorik, Vergleiche, Symbole, Metonymien	Veranschaulichung, leitmotivische Verknüpfung, Betonung der Gegensätze, Empfindungen der Sprechenden, Reflexionsverschiebungen[17]	„Es war der Rosenbusch, der mein Kleid mit seinen Dornen, wie mit Zähnen, festhielt" (S. 44) „Sei du ohne Falsch wie die Taube, ich will klug wie die Schlange sein." (S. 46) „Ich bin sowenig wie Er als ein borstiger Igel zur Welt gekommen." (S. 53) „Oh, dieser festgenagelte Sonnenschein und all die Heiterkeit um mich her!" (S. 73)

16 Vgl. Vorwort Hebbels zu *Maria Magdalena*.

17 Genaue Untersuchungen zum Bezug zwischen Sprache und Bewusstsein im Kapitel: „Sein und Bewusstsein in *Maria Magdalena*", in: Gert Kleinschmidt: *Die Person im frühen Drama Hebbels.* Lahr/Schwarzwald: Moritz Schauenburg, 1965, S. 66 ff.

Vorausdeutungen	Textverknüpfung, Einblick in Motivation und Empfindung (hier: Tod als Verlockung), Kontrastierung (hier: Brunnen als Symbol für weibliche Lebenssphäre, Liebe und Fruchtbarkeit; Märchen), Verstärkung der tragischen Ironie	„Drei Brunnen triffst du auf dem Weg zu ihm – Dass du mir an keinem stehen bleibst!" (S. 77)
Sentenzhafte Aussagen	Hervorhebung der belehrenden und starren Haltung Meister Antons	„… denn Kinder sind wie Äcker, man sät sein gutes Korn hinein, und dann geht Unkraut auf." (S. 50)
Ironie und Sarkasmus	Nachvollziehbarkeit der Verbitterung Meister Antons	„Gott Lob, ich habe in meinem Karl einen braven Lehrer, der rücksichtslos und, ohne das alte Kind durch Nachsicht zu verzärteln, gegen meine Vorurteile zu Felde zieht." (S. 49) (vgl. auch S. 50)
Wiederholungsanschluss	Formale Gleichheit bei gleichzeitig deutlich anderen Gedankengängen zeigt scheinbares Aufeinandereingehen	„Klara: ‚Werd' Er doch wieder ruhig!' Anton: ‚Werd' Er doch wieder gesund! Warum ist Er krank! Ja, Arzt, reich mir nur den Trank der Genesung!'" (S. 64)
Lange Aneinanderreihungen von Aussagen ohne Sprechpause oder Eingehen auf Kommunikationspartner	Isoliertheit und Zurückgezogenheit der Personen in sich selbst wird deutlich	„Mein Vater arbeitete sich, weil er sich Tag und Nacht keine Ruhe gönnte, schon in seinem dreißigsten Jahre zu Tode, meine arme Mutter ernährte mich mit

		Spinnen so gut es ging, ich wuchs auf, ohne etwas zu lernen, ich hätte mir ... " (S. 53)
Verschweigen (Aposiopese)	Sprechender verstummt mitten im Satz, ohne das Entscheidende gesagt zu haben; fehlende Kommunikation	„Klara: ‚Soll ich – ,'" (S. 59) „Meister Anton: ‚... Wer weiß, ob die Tochter nicht –" (S. 59)
Beiseitesprechen (À part)	Misstrauen, Verschweigen	„Es ist doch vielleicht – – (Abgehend.) Schrecklich! Aber gut für mich!" (S. 59)
Vielzahl der Ausrufesätze	Besonders bei Klara Ausdruck der Verzweiflung	„Jesus!", „Mutter! Mutter! Was sie für Augen macht!"; „Vater!" (S. 59)

2.7 Interpretationsansätze

Der tragische Konflikt

Hebbels Weltanschauung nach (Pantragismus) ergibt sich tragische Schuld notwendigerweise aus der Unvereinbarkeit zwischen dem Individuum und dem Weltganzen. Allein durch den Willen zur Verwirklichung und durch den unvermeidlichen Gegensatz zu der Idee (dem „Ganzen" oder „Göttlichen") wird der Einzelne in seiner Existenz schuldig. In diesem Sinne gehört tragische Schuld zum Leben dazu, ist alles Leben tragisch.
Hebbel reiht *Maria Magdalena* ausdrücklich in die Tradition der bürgerlichen Trauerspiele ein. Dabei distanziert er sich bewusst von rührseligen und nur publikumswirksamen Dramen seiner Zeit. In Abgrenzung von früheren bürgerlichen Trauerspielen schließt er Standeskonflikte (nach dem Muster Lessings oder Schillers) als tragisches Motiv aus:

> *„Es ist ein* bürgerliches Trauerspiel. *Das bürgerliche Trauerspiel ist in Deutschland in Misskredit geraten, und hauptsächlich durch zwei Übelstände. Vornehmlich dadurch, dass man es nicht aus seinen* inneren, *ihm allein eigenen Elementen, aus der schroffen Geschlossenheit, womit die aller Dialektik unfähigen Individuen sich im beschränktesten Kreis gegenüberstehen, und aus der hieraus entspringenden schrecklichen* Gebundenheit *des* Lebens *in seiner* Einseitigkeit *aufgebaut, sondern es aus allerlei* Äußerlichkeiten, *z. B. aus dem Mangel an Geld bei dem Überfluss an Hunger, vor allem aber aus dem Zusammenstoßen des dritten Standes mit dem zweiten und ersten in Liebesaffären, zusammengeflickt hat. Daraus geht nun unleugbar viel Trauriges, aber nichts Tragisches hervor, denn das*

> *Tragische muss als ein von vornherein mit Notwendigkeit Bedingtes, als ein, wie der Tod, mit dem Leben selbst Gesetztes und gar nicht zu Umgehendes auftreten.*"[18]

Es geht ihm nicht allein um den Protest gegen bürgerliche Wertmaßstäbe, sondern in der Enge der kleinbürgerlich normierten Welt zeigt Hebbel die tragische Unfähigkeit der bürgerlichen Personen, sich von sich selbst und ihrer Welt zu distanzieren, sich als Individuen gegen die Ansprüche der Gemeinschaft zu behaupten. Denn dazu ist es notwendig, das feste bürgerliche Normensystem zu relativieren. Gerade dazu ist aber keine Gestalt in *Maria Magdalena* imstande. Die Zentralfigur Klara opfert sich, wird „aus der Welt herausgedrängt".
Andererseits muss man Klara nicht notwendigerweise als passives, handlungsunfähiges Wesen verstehen, das lediglich dem Druck von außen nicht standhält. Sie handelt innerhalb ihres Sittenverständnisses als „Tochter des alten Mannes" (S. 79), der ihr „das Leben gegeben hat". Meister Anton, der sie mit seiner Rigorosität in den Tod treibt, erreicht seinerseits „jene tragische Dignität ..., die das Formgesetz der Tragödie fordert."[19]

Das Drama gibt keinerlei Hinweis auf einen versöhnlichen Ausblick. Der Tod Klaras hat kein Umdenken und kein Zweifeln an der eigenen Position vonseiten des Vaters zur Folge. Weder Karl mit seinem Verlangen nach Ausbruch und Selbstbestimmtheit noch Leonhard in seinem Egoismus können als Prototypen einer neuen Sittlichkeit, eines besseren Wertesystems gesehen werden; allein der Sekretär erkennt – zu spät – während seines Sterbens sein schuldhaftes Verhalten, insoweit auch er noch im traditionellen Wertesystem verhaftet war.

---

18 Aus dem Vorwort zum Drama, S. 26.

19 Hartmut Reinhardt: *Hebbels Dramatik*, in: Walter Hinck (Hg.): Das Handbuch des deutschen Dramas. Düsseldorf: Bagel, 1980, S. 245.

Die Konfliktlage Klaras:

Faktoren:

- Klara hat sich zum vorehelichen Beischlaf überreden lassen, ist schwanger, verstößt damit gegen bürgerliche Sitte und religiöses Gebot.
- Klara wertet Krankheit der Mutter als göttliche Strafe.
- Keine Vertraute(n)
- Der Vater ihres Kindes entpuppt sich als charakterlich schlechter Mensch.
- Verdächtigung des Bruders und Tod der Mutter als zusätzliche Belastung.
- Der Vater benutzt sie zur Ehrenrettung der Familie.
- Es werden ihr Schwüre abverlangt, die sie von vornherein nicht halten kann.
- Selbstmorddrohung des Vaters
- Aufkeimende Hoffnung (Heirat durch Jugendliebe) wird sofort zerstört.
- Vergebliches Flehen um Heirat, fehlende Zukunftsperspektive
- Selbstmord, Kindesmord und Vatermord als Sünde
- Rollenerwartungen an sie, moralische Grundhaltung, bedingungslose Unterordnung unter den Vater

Fazit:

Es gibt keine Möglichkeit des glücklichen Ausgangs. Jede Verhaltensvariante Klaras (Heirat Leonhards, Heirat des Sekretärs, Selbstmord als Gattin Leonhards, Vatermord, Kindesmord) erweist sich als unmöglich oder sündhaft. Sie wählt ihrem Vater zuliebe den als Unfall getarnten Selbstmord.
Klara hat den Ansprüchen der Kirche, des bürgerlichen Standes mit seinen festen Normen, des Vaters an sie nichts entgegenzusetzen und wird so zum Opfer.

Gesellschaft und Individuum

Hebbels Dramen gestalten immer wieder das Verhältnis zwischen Individuum und Gesellschaft. Zur Darstellung des Problems werden die Begriffe „Asymmetrie"[20] und „Maßlosigkeit" in der Forschungsliteratur gewählt.[21]

a) Asymmetrische Beziehungen:
Als Keimzelle tragischer Ereignisse wird ein Ungleichgewicht in einer Zweierbeziehung (häufig Vater-Tochter-Beziehung oder ähnliches Verhältnis) gesehen, in der der eine Teil über den anderen dominiert. Meist ist der untergeordnete Partner weiblich und ordnet sich, weil er Liebe und Schutz vor der Welt sucht, zumindest anfangs durchaus freiwillig unter. Sobald aber die unbegrenzte Verfügungsgewalt gefährdet ist, weil der Beherrschte sein Vertrauen missbraucht sieht oder individuelle Bedürfnisse entwickelt, wird die Machtposition mit gewaltsamen Mitteln durchgesetzt.
Bei *Maria Magdalena* ist Klara diejenige, die sich in deutlicher Abhängigkeit von den sie umgebenden Menschen und zerstörerischen gesellschaftlichen Normen befindet. Sie hat die vom Vater dogmatisch vermittelten und von ihm rigoros repräsentierten gesellschaftlichen Normen völlig verinnerlicht und ist sowohl dem von ihm ausgeübten Druck als auch den Ansprüchen z. B. Leonhards ausgeliefert. Da sie keinen eigenen Selbstbehauptungswillen entwickelt hat, kann sie nur die Alternativen Selbstmord oder Vatermord sehen. Andere Alternativen, wie z. B. die Heirat der Jugendliebe, verbaut sie sich

20 Z. B. bei Hargen Thomsen: *Patriarchalische Gewalt als Grundkonflikt Hebbelscher Tragik*, in: Günter Häntzschel (Hg.): Alles Leben ist Raub. Aspekte der Gewalt bei Friedrich Hebbel. München: Iudicium, 1992.

21 Z. B. bei Hilmar Grundmann: *Friedrich Hebbel – In seinen Helden gebar sich der moderne Mensch oder was die Postmoderne von ihnen lernen kann*; in: Ida Koller-Andorf und Hilmar Grundmann (Hg.): Hebbel – Mensch und Dichter im Werk, Problemdrama und Postmoderne. Hamburg: Lit Verlag, 1998 (Schriftenreihe der Friedrich-Hebbel-Gesellschaft Wien, Bd. 6).

– in ihrem Wertesystem gefangen – selbst. Alle Aktivität der betroffenen Personen (Vertuschung, Schwüre, Drohungen) soll dazu dienen, einen zumindest scheinbar harmonischen Zustand wiederherzustellen. Aber die angestrebte Balance zwischen Individuum und Gesellschaft oder zwischen den Individuen ist nachhaltig erschüttert und kann nicht erreicht werden. Klaras Tod dient weder der Überwindung patriarchalischer Gewalt, noch kann er eine Veränderung gesellschaftlicher Normen bewirken. Die Überlebenden reagieren mit Schuldzuweisungen, Betroffenheit und Verständnislosigkeit. Zumindest der heutige Zuschauer aber versteht, dass Normen sich nicht gegen das Individuum richten dürfen.

Ungleichgewicht in den Beziehungen endet in Gewalt und Zerstörung

b) Maßlosigkeit:
Viele Hauptfiguren Hebbels (z. B. Judith, Holofernes, Siegfried, Kriemhild) fallen durch die Maßlosigkeit auf, mit der sie in ihrem Streben nach Individualität sich gegen das Ganze auflehnen, sich von ihm trennen und so das Gleichgewicht stören. Durch dieses Verhalten werden sie Hebbels Weltbild zufolge schuldig. Gewalttätigkeit ist eine Folge dieser Maßlosigkeit. Bei *Maria Magdalena* findet sich nun eine Umkehrung der Verhältnisse. Hier ist es die kleinbürgerliche Gesellschaft, die maßlos geworden ist und durch gegen den Einzelnen gerichtete Normen das Ganze gefährdet. Denn nur in einer sinnvollen Werteordnung ist die Unterordnung und die Unterdrückung von Individualität gerechtfertigt. Hier wird allerdings nicht nur eine überkommene Gesellschaftsordnung gezeigt, die Hauptfiguren besitzen zu wenig individuelle Größe und Eigenständigkeit, um dieser maßlosen Gesellschaft et-

was entgegenzusetzen. Meister Anton setzt psychischen Terror ein, wenn er die verzweifelte Klara neben der Leiche der Mutter zum Schwur zwingt, sie sich mit ihm auf der Straße dem öffentlichen Spott (Spießrutenlaufen) aussetzen soll und ihr die Schuld an einem möglichen Selbstmord zugewiesen wird. Aber:

> *„Meister Antons Grausamkeit ist nicht darauf zurückzuführen, dass er ein grausamer Mensch ist, sondern ausschließlich darauf, dass er – wie alle anderen Personen in ‚Maria Magdalena' auch – so kategorisch den herrschenden Normen der kleinbürgerlichen Welt folgt, in der er lebt. Und diese Normen sind in der Tat grausam, machen die Menschen, die sich ihnen unterwerfen, zu Handlangern einer inhumanen, d. h. jede Menschlichkeit zerstörenden Moral, ob sie es nun wollen oder nicht."*[22]

Nur in einer sinnvollen Werteordnung ist individuelle und gesellschaftliche Maßlosigkeit vermeidbar

Die anderen Personen (wie z. B. der Bruder oder Leonhard) setzen sich über die Normen nach Bedarf hinweg oder nutzen sie für egoistische Ziele. Eine weitere Handlungsalternative besteht in der völligen Loslösung aus der Umgebung. Auch sie stellt keine Lösung dar im Konflikt zwischen den Ansprüchen des Einzelnen nach Durchsetzung seiner Individualität und der Anerkennung der Unterordnung des Individuums unter ein Ganzes.

---

22 Hilmar Grundmann: *Tatort: Familie, Täter: Die menschliche Gesellschaft. Zu Hebbels These von der Gewalt in den zwischenmenschlichen Beziehungen als einer typischen Erscheinung moderner Massengesellschaften*, in: Günter Häntzschel (Hg.). Alles Leben ist Raub, S. 158.

Gesellschaft in der Umbruchsituation

> *„... die dramatische Kunst soll den welthistorischen Prozess, der in unseren Tagen vor sich geht und der die vorhandenen Institutionen des menschlichen Geschlechts, die politischen, religiösen und sittlichen, nicht umstürzen, sondern tiefer begründen, sie also vor dem Umsturz sichern will, beendigen helfen."* (Hebbel, Vorwort zu *Maria Magdalena*, S. 11)

Hebbel begriff seine Zeit als Zeit des Umbruchs; er sah sich in einen „welthistorischen Prozess"[23] eingebunden.
Anfang des 19. Jahrhunderts hatten sich extrem rigide Normen in der bürgerlichen Gesellschaft herausgebildet, denen der Einzelne sich zu unterwerfen hatte. Als Ursache dafür kann gesehen werden, dass die öffentliche Meinung einen höheren Stellenwert erhalten hatte als ethische und humane Werte. Hebbel hat diese Entwicklung gesehen und Gewalttätigkeit und Radikalität als mögliche Konsequenzen beschrieben.
Besonders im vorliegenden Drama repräsentiert Meister Anton die Normen in völlig unnötiger, extrem kleinlicher Regelhaftigkeit (vgl. S. 86). Innerlich leer lebt er nur durch diese Gebote und drängt alle Familienmitglieder mit großem Druck auf ebensolche rigorose Einhaltung. Dass das öffentliche Gerede und sein Ansehen in der Gesellschaft das Zentrum seiner Gedanken sind, wird selbst nach Klaras Selbstmord noch deutlich (vgl. S. 93). Seinem Wertesystem folgen bezeichnenderweise die Frauen, seine Frau und seine Tochter Klara. Sie sind dadurch in ihrer persönlichen Freiheit extrem beschnitten und treffen ihre Entscheidungen innerhalb dieser internalisierten Normen. Während Ehefrau und Tochter außerhalb dieser Norm befindliche Verhaltensweisen

Wertewandel in *Maria Magdalena*

23 Vgl. das Vorwort Hebbels zu *Maria Magdalena*, S. 11.

gar nicht als Alternative einbeziehen würden, sucht der Sohn Karl geradezu danach. Er – und in gewisser Weise auch Leonhard – setzen eigene Bedürfnisse vor die der Gesellschaft und repräsentieren so neue Werte. Im Generationskonflikt ist also auch ein Wertewandel enthalten.

Das ist eigentlich immer so. Normen werden kontinuierlich tradiert, modifiziert, angepasst. Schwierigkeiten entstehen dann, wenn 1. starr an alten Konzepten festgehalten wird und 2. extremere Umbrüche zu finden sind und die Anpassung nicht schnell genug vonstatten geht. In einer solchen Zeit extremerer Umbrüche befinden sich sowohl Hebbels Protagonisten als auch der Mensch des 21. Jahrhunderts.
Die tief greifenden beobachtbaren Änderungen unserer Zeit in Politik, Wirtschaft und Gesellschaft sind u. a. durch folgende Faktoren bestimmt:

- Ende des Kommunismus
- Übergang von natürlichen zu intelligenten Industrien
- demografische Revolution (Weltbevölkerung wächst und wird immer älter)
- Übergang von Nationalökonomie zu Globalökonomie
- Auflösung dominierender Wirtschaftsmächte und Handelsspielregeln.[24]

Dazu kommen Gefahren durch Technologie (Genetik, Atom- und Biotechnologie) und Terrorismus. Schnelllebigkeit und die weltweit erhöhte Wertschätzung westlichen Lebensstils und materieller Werte führen zu schwerwiegenden Spannungen und sozialen Problemen. Spätestens seit dem 11. September 2001 ist die Brüchigkeit der westlichen Wertewelt, in der Spaß

24 Vgl: Horst W. Opaschowski: *Die westliche Wertekultur auf dem Prüfstand.* Beilage zur Wochenzeitung ‚Das Parlament', 21. Dezember 2001, S. 7–17.

und Erlebnis, Besitz und Waren wichtiger als soziale Werte scheinen,[25] offenkundig geworden. Es entstehen Spannungen dadurch, dass das Effizienzprinzip (Wirtschaft), das Gleichheitsprinzip (Politik) und das Selbstverwirklichungsprinzip (Kultur) nicht gleichzeitig durchsetzbar sind. Austauschbarkeit, Beliebigkeit, Rastlosigkeit und Maßlosigkeit sind die Ursachen von fehlender Sicherheit und Gerechtigkeit. Eine Gesellschaft, in der Häppchen-Denken und Fast-Food-Kultur auf nahezu alle Lebensbereiche übertragen wird, in der die Sucht nach Neuem und Sensationellem zum Verlust von Ernsthaftigkeit, zur Aufgabe sozialer Verpflichtungen und Bindungen führt, kann auf die Dauer nicht überleben. Es ist also ein Wertewandel nötig. Gefordert wird für die Zukunft ein Wertetypus, der gleichermaßen traditionelle und moderne Werte schätzt und aktiv einbezieht, d. h. er muss:

- diszipliniert und kommunikativ
- durchsetzungsfähig und kooperativ
- fleißig und sensibel
- aktiv und kreativ sein.

Wie bei Hebbels Drama kann es heutzutage nicht mehr nur um Image-Pflege oder grenzenlose Individualisierung gehen. Es muss die Balance zwischen gesellschaftlichen und persönlichen Ansprüchen gefunden werden, damit eine Gesellschaft entsteht, in der verschiedenartigste Individuen neben- und miteinander existieren können.

Wertewandel in der heutigen Zeit und Konsequenzen

Hebbels Drama *Maria Magdalena* zeigt in dieser Hinsicht keine Vorbilder, aber es regt dazu an, über die möglichen katastrophalen Folgen nachzudenken, wenn dieses Gleichgewicht nicht vorhanden ist.

25 Vgl. Materialien der *Erläuterungen* S. 80 f.

Postmoderne Tendenzen in *Maria Magdalena*

Die heutige Zeit scheint vielen[26] geprägt vom Verlust von Stabilität, Einheit und Verlässlichkeiten. Das gilt für den Verlust eines geschlossenen Weltbildes und den Verlust von traditioneller Ich-Identität, bei der das Ich als etwas Substanzielles und Festes begriffen wird. Stattdessen muss der postmoderne Mensch sich mit der ständigen Erfahrung von Pluralität und gleichzeitig von Flüchtigkeit, Instabilität und Leichtigkeit auseinandersetzen. Er lebt in einer vielfältigen Gesellschaft, die ihm immer wieder das Spiel mit neuen Möglichkeiten und Rollen, die Auseinandersetzung mit Varianten der Lebensgestaltung und der Selbstkonzepte abverlangt. Er ist ständig ein Mensch im Übergang.

Hebbel als Paradedichter der Moderne beschreibt Helden in der Erfahrung der Vergänglichkeit, der Fremdbestimmung, des Verlustes von Identität, der Empfindung, in der Welt nicht mehr zu Hause zu sein. Er zeigt maßlose Menschen, entweder in ihrer Individualität oder in der Unterordnung unter die gesellschaftliche Sitte, und bietet verschiedene Lebenspläne und -entwürfe an. Dadurch provoziert er die Auseinandersetzung und das Nachdenken über eigene, immer wieder neue Lebensentwürfe, neue Perspektiven und Sichtmöglichkeiten. Der Gewinn der Auseinandersetzung mit Hebbels Text für die Postmoderne kann in der Auseinandersetzung mit Hebbels Vorstellung von einer positiveren, menschlicheren Welt bestehen. Diese setzte die Bestrebung voraus, individuelle und kollektive

der Mensch im Übergang

26 Vgl. z. B. Wolfgang Welsch: *Zur Aktualität ästhetischen Denkens*, in: ders. Ästhetisches Denken. Stuttgart 1990, S. 69. – Douglas Kellner: *Die Konstruktion postmoderner Identitäten*, in: Andreas Kuhlmann (Hg.): Philosophische Ansichten der Kultur der Moderne. Frankfurt a. M. 1994. – Hilmar Grundmann: *Friedrich Hebbel – In seinen Helden gebar sich der moderne Mensch oder was die Postmoderne von ihnen lernen kann*; in: Ida Koller-Andorf und Hilmar Grundmann (Hg.): Hebbel – Mensch und Dichter im Werk. Problemdrama und Postmoderne. Hamburg 1998.

Bedürfnisse in Übereinstimmung zu bringen. Auch der heutige Mensch muss sich verstärkt um diese Balance bemühen.[27]

Das Kindermörderinnen-Motiv

Die Literaturgeschichte lehrt, dass das Schicksal lediger Mütter und ihrer Kinder seit dem Sturm und Drang für Schriftsteller von großem Interesse war. Die Darstellung dieser Schicksale war in der Regel motiviert durch ein Aufbegehren gegen gesellschaftliche Vorstellungen und Regeln, die sich gegen den einzelnen Menschen richteten und ihn in eine ausweglose Lage brachten. Die nachfolgend aufgeführten Titel haben gemeinsam, dass die Verführung der Mädchen und deren Schwangerschaft einen Sittenverstoß darstellt, der zur Ausgrenzung aus der bürgerlichen Gesellschaft führt und damit die verzweifelten Mädchen zum Kindesmord bzw. zum Selbstmord veranlasst. Die Motive für das Zustandekommen der Schwangerschaft sind dabei unterschiedlich. Sie reichen von Liebe über Naivität bis hin zur Vergewaltigung. Allen Kindermörderinnen ist allerdings gemeinsam, dass sie sich in ihrer Not keinem, nicht einmal Familienmitgliedern anvertrauen dürfen, ja sogar von ihnen unter Druck gesetzt werden, von den jeweiligen Männern verlassen werden und mit der Alleinschuld fertig werden müssen. Die Konsequenzen der unehelichen Schwangerschaft bestehen im Ehrverlust für sich und die ganze Familie, damit Ausschluss aus der bürgerlichen Gesellschaft und Verlust von sozialem Status, miserablen Zukunftsaussichten für das ungeborene Kind. Die Intention der Texte mit Kindermörderinnen-Motiv besteht u. a. darin, Bedingungen des Sittenverstoßes aufzuzeigen, aufzurütteln, zu

27 Vgl. Ida Koller-Andorf und Hilmar Grundmann (Hg.): *Hebbel – Mensch und Dichter im Werk. Problemdrama und Postmoderne.* Hamburg 1998 (Schriftenreihe in der Friedrich-Hebbel-Gesellschaft Wien, Bd. 6), S. 108 f.

warnen und um Verständnis für ledige Kindsmütter zu werben.
Neben den unten beispielhaft aufgeführten dramatischen Fassungen gibt es auch eine Vielzahl von lyrischen und epischen Texten.[28]

J. M. R. Lenz: *Der Hofmeister* (bürgerliches Trauerspiel), 1774
H. L. Wagner: *Die Kindermörderin* (bürgerliches Trauerspiel), 1775
J. W. Goethe: *Faust* (Drama), 1806
G. Büchner: *Woyzeck* (Drama), 1837
F. Hebbel: *Maria Magdalena* (bürgerliches Trauerspiel), 1844
G. Hauptmann: *Rose Bernd* (Sozialdrama), 1903

28 Vgl. Materialien S. 78/79.

3. Themen und Aufgaben

Die Lösungstipps verweisen auf die Seiten der vorliegenden Erläuterung.

a) Thema: Hebbel, *Maria Magdalena*

Aufgaben:

1. Erläutern Sie, ausgehend von dem Monolog Klaras in dem bürgerlichen Trauerspiel *Maria Magdalena* Akt 2, Szene 6, den tragischen Konflikt und den Ausgang desselben.

   Lösungstipp: S. 19 f., 48 f., 60–62

2. Hebbel sagt über seine Hauptfigur Klara: „Mich selbst erschüttert diese Klara gewaltig, wie sie aus der Welt herausgedrängt wird." Kommentieren Sie diese Aussage aus heutiger Sicht. Ziehen Sie dabei Parallelen zwischen Thematik und Problemen des Hebbel'schen Dramas und gegenwärtigen Gegebenheiten.

   Lösungstipp: S. 60–68

b) Thema: Gesellschaft im Umbruch

Text:

„Das Stück ist eine illusionslose, genaue – das heißt weder heroisierende noch denunzierende – Beschreibung des deutschen Kleinbürgertums um 1840. ... Hebbel ... beschreibt die Verhältnisse, dieses große Leid, und da es in diesem Stück keine eindeutigen Verbrecher gibt, keine eindeutigen

Täter, aber eben auch niemand, der wüsste, dass er selbst dazu beigetragen hat, Opfer zu sein, hält uns Hebbel auf bemerkenswerte Weise an nachzudenken. Nachzudenken über das, was dem geschichtlich vorausging, was diesen Zustand herbeiführte, was aus alledem geworden ist und ob man es hätte ändern können. ‚Maria Magdalena' ist die einleuchtende Antwort des Theaters darauf, warum die Revolution von 1848 so ausgegangen ist und nicht anders."[29]

Aufgaben:

1. Kommentieren Sie konkret am Drama die Frage der Täter-Opfer Konstellation unter Berücksichtigung des obigen Kommentars.

Lösungstipp: S. 63 f.

2. Erörtern Sie, welche Überlegungen zu Ursache und Auswirkung gesellschaftlicher Probleme sich für die heutige Zeit durch den Vergleich mit Hebbels Drama gewinnen lassen.

Lösungstipp: S. 44 ff., 69, 80 f.

c) Thema: Verarbeitung des Hebbel'schen Dramas

Texte:

Franz Xaver Kroetz: *Maria Magdalena. Komödie in drei Akten frei nach Friedrich Hebbel.*

29 Hansgünther Heyme und Peter Kleinschmidt: *Hebbel und das heutige Theater*, in: Walter Hinck (Hg.): Handbuch des deutschen Dramas. Düsseldorf: Bagel, 1980, S. 256.

Rotbuch Taschenbuch 1031. Hamburg: Rotbuch, 1996, S. 63–65.
Hebbel, letzte Szene des Dramas

Aufgaben:

1. Arbeiten Sie anhand der letzten Szenen aus Kroetz' und Hebbels Drama die Unterschiede zwischen diesen Dramen heraus. — Lösungstipp: S. 18, 52 ff., 60 f.
2. Versuchen Sie eine Bewertung der Umsetzung durch Kroetz. — Lösungstipp: S. 76 f.

d) Thema: Karls „Lied vom jungen Schiffer" (III, 8)

Aufgaben:

1. Beschreiben Sie kurz den Situationskontext, in dem Karl sein Lied singt. — Lösungstipp: S. 31
2. Machen Sie – ausgehend von diesem Lied – Aussagen über Charakter und Persönlichkeit Karls. — Lösungstipp: S. 49
3. Kennzeichnen Sie die dramatische Funktion dieses Liedes. — Lösungstipp: S. 52, 57, 42 f.

e) Thema: Klaras Rolle und Selbstverständnis

Aufgaben:

1. Erläutern Sie anhand der genauen Analyse des Monologs Klaras in II, 6 ihre Situation und Einstellung. — Lösungstipp: S. 28, 36 f., 41

2. Erörtern Sie, in welcher Hinsicht Klara auch in heutigen Zeiten Vorbildcharakter haben könnte. — Lösungstipp: S. 45, 48 f., 81
3. Skizzieren Sie einen Entwurf einer Gestaltung der Rolle Klaras in einer zeitgenössischen Aufführung. — Lösungstipp: S. 52 ff., 63, 68

4. Rezeptionsgeschichte

Unmittelbare Aufnahme des Dramas:
Nach Fertigstellung des Manuskriptes schickt Hebbel dieses zu der Münchener Schauspielerin Auguste Stich-Crelinger, die auch in dem Drama *Judith* die Rolle der Heldin übernommen hatte. Diese weist das Drama jedoch - wie auch das Berliner Schauspielhaus - zurück mit dem Hinweis darauf, dass durch die Schwangerschaft der Heldin Klara das Stück unaufführbar geworden ist. Hebbel reagiert empört und schreibt ein langes Vorwort zu dem Drama. Auch in Wien geht das Drama nicht durch die Zensur. Erst am 13. 3. 1846 wird es in Königsberg uraufgeführt. Auch dort aber wird die Schwangerschaft Klaras als anstößig empfunden.
Erst der Leipziger Aufführung am 19. 10. 1846 folgen weitere in Köln, Danzig, Hamburg und Schleswig, danach auch in den großen Theaterstädten Berlin und Wien. Das Stück findet jetzt großen Anklang beim Publikum.

Rezeption im 20. Jahrhundert:
Das Drama ist inzwischen das am meisten gespielte Drama von Hebbel und hat seinen festen Platz in den Spielplänen deutscher Schauspielhäuser.
Auch das 1972 veröffentlichte Drama von Franz Xaver Kroetz *Maria Magdalena. Komödie in drei Akten frei nach Friedrich Hebbel* veranschaulicht die literarische Präsenz Hebbels. Kroetz hält sich vom Handlungsgang, den Namen der Personen und der Struktur her deutlich an die Vorlage, verändert aber drastisch die Gestaltung der Personen und nimmt dem Geschehen alles Tragische. Die Sprache ist Umgangsdeutsch mit Süddeutsch, und das Verhalten der Personen zueinander

ist vulgär und lieblos. Während Hebbel die Tragik der menschlichen Gesellschaft in der Auseinandersetzung mit dem Individuum und das unlösbare Problem der Maßlosigkeit thematisiert, zeigt Kroetz eine Welt der inneren Leere, zeigt soziale Probleme, Druckverhältnisse und Ängste. Da er aber von der Durchschaubarkeit und damit Veränderbarkeit der menschlichen Gesellschaft ausgeht, gestaltet er den Stoff um zu einer Komödie.[30]

30 Eine ausführliche Darstellung der Rezeptionsgeschichte findet sich bei Eun-Sook Park, S. 68–184.

5. Materialien

Johann Wolfgang Goethe (ca. 1774/75)

Vor Gericht

Von wem ich's habe, das sag' ich euch nicht,
Das Kind in meinem Leib.
Pfui! speit ihr aus: die Hure da!
Bin doch ein ehrlich Weib.

Mit wem ich mich traute, das sag' ich euch nicht,
Mein Schatz ist lieb und gut,
Trägt er eine goldne Kett' am Hals,
Trägt er einen strohernen Hut.

Soll Spott und Hohn getragen sein,
Trag ich allein den Hohn.
Ich kenn' ihn wohl, er kennt mich wohl,
Und Gott weiß auch davon.

Herr Pfarrer und Herr Amtmann ihr,
Ich bitt', lasst mich in Ruh!
Es ist mein Kind und bleibt mein Kind,
Ihr gebt mir ja nichts dazu.[31]

---

31 In: J. W. von Goethe: *Gesammelte Werke*. Hamburger Ausgabe. Bd. 1. Hamburg: Wegener, 1948 ff., S. 85. – Weitere Texte zum Kindermörderinnen-Motiv in: H. L. Wagner: *Die Kindermörderin*. Text und Arbeitsbuch von Dr. Reinhold Klinge. Reihe: Literatur und Methode. Frankfurt a. M.: Hirschgraben Verlag, 1983.

Bibel, Lukas 8, 1–3:
„Danach zog Jesus von Stadt zu Stadt und von Dorf zu Dorf. Er verkündete überall die Gute Nachricht, dass Gott jetzt seine Herrschaft aufrichten und sein Werk vollenden werde. Die zwölf Jünger begleiteten ihn, außerdem folgten ihm einige Frauen, die er von bösen Geistern befreit und von anderen Leiden geheilt hatte. Es waren Maria von Magdala, aus der er sieben böse Geister ausgetrieben hatte, Johanna, die Frau von Chuzas, einem Beamten in der Verwaltung des Fürsten Herodes, dazu Susanna und viele andere Frauen. Sie alle sorgten mit ihrem Vermögen für den Unterhalt Jesu und seiner Jünger."[32]

Brief Hebbels an Elise Lensing vom 5. 12. 1843:
„... Seit gestern Morgen liegt mein viertes Drama: ‚Ein bürgerliches Trauerspiel' in einer wunderschönen Abschrift, auf Postpapier von meiner Hand geschrieben, vor mir. ... Dass es dir gefallen würde, setze ich mit einiger Zuversicht voraus, denn es ist nach meinem Gefühle in höchstem Grade gelungen. Mit den allereinfachsten Mitteln wird die höchste tragische Wirkung erreicht, der Alte ist ein Riese geworden und Leonhard ist bloß ein Lump, kein Schuft, der Sohn, der Secretair, sie alle sind im Recht (worauf ich mir am meisten einbilde da es allerdings am schwersten ist, aus der bloßen spröden Einseitigkeit, ohne Beimischung des Positiv-Bösen die Schuld abzuleiten) und dennoch entbindet sich durch den Zusammenstoß dieser einander innerlich entgegengesetzten Naturen das furchtbarste Geschick. Im Hintergrund bewegen sich die Ideen der Familie, der Sittlichkeit, der Ehre, mit ihren Tag- und Nacht-Seiten, und Consequenzen dämmern auf, die wohl erst nach Jahrhunderten in den Lebens-Katechismus Aufnahme finden

---

32 In: *Die Gute Nachricht.* Die Bibel in heutigem Deutsch. Stuttgart: Deutsche Bibelgesellschaft 1982, Neues Testament, S. 74.

werden. Leute, die den Gehalt der Poesie nur im Stoff sehen, werden freilich für die allerbedeutendsten Vorzüge dieses Werkes unempfindlich sein, doch auf die kommt es ja auch nicht an."[33]

Wertewandel in Deutschland Repräsentativbefragungen des B.A.T. Freizeitinstitutes[34]

1. Die Kinder von McDonald's und Coca-Cola Aufwachsen mit der westlichen Wertekultur

Was im Leben heute attraktiv ist:

	Gesamtbevölkerung (in Prozent)	14- bis 29-Jährige (in Prozent)	Jugendprofil Unterschied (in Prozent)
Coca-Cola	18	38	+ 20
Levis	17	34	+ 17
Formel-1-Rennen	31	33	+ 2
McDonald's	15	33	+ 18
Nike	17	33	+ 16
MTV	9	29	+ 20
Champion's League	26	27	+ 1
Greenpeace	22	24	+ 2
Olympische Spiele	34	23	- 11
SOS Kinderdorf	32	20	- 12
Amnesty International	21	17	- 4
Nobelpreis	25	16	- 9
Rotes Kreuz	31	14	- 17
NATO	14	12	- 2
Zivildienst	14	12	- 2
Kirche/Religion	22	9	- 13
Bibel	19	8	- 11
UNO	14	8	- 6

Repräsentativbefragung von 3000 Personen ab 14 Jahren im Juli 1999 in Deutschland.

---

33 Friedrich Hebbel: *Sämtliche Werke*. Historisch-kritische Ausgabe. Abt. 3: Briefe. 2. Band. Berlin: Behr, 1905, S. 341.

34 Abgedruckt in: *Das Parlament*. Beilage zur Wochenzeitung *Aus Politik und Zeitgeschichte*. B 52–53/2001, S. 9 ff.

2. Von je 100 Befragten denken bei der Aussage „Das macht mir Spaß!" an:

	1990 (in Prozent)	2001 (in Prozent)	Veränderungen (in Prozent)
Sich amüsieren/vergnügen	41	55	+ 14
Mit anderen zusammen sein	53	44	- 9
Keine Sorgen haben	60	41	- 19
Nicht aufs Geld achten müssen	57	40	- 17
Ein Erfolgserlebnis haben	42	28	- 14
Sich gegenseitig helfen	(nicht ermittelt)	26	
Anerkennung finden	41	23	- 18

Repräsentativbefragung von jeweils 2000 Personen ab 14 Jahren in den Jahren 1999 und 2001.

3. Renaissance der alten Werte, Pflicht- und Akzeptanzwerte bei der jungen Generation im Aufwind

Von je 100 Befragten finden „wichtig im Leben":

Pflicht und Akzeptanzwerte + Selbstentfaltungswerte	14- bis 29-Jährige 1989 (in Prozent)	14- bis 29-Jährige 2001 (in Prozent)	Werteverschiebung Unterschied (in Prozent)	
Fleiß	67	68		+ 1
Höflichkeit	65	66		+ 1
Pflichterfüllung	61	66		+ 5
Gehorsam	42	48		+ 6
Offenheit	87	80	- 7	
Kontaktfähigkeit	79	69	- 10	
Kritikfähigkeit	72	60	- 12	
Spontaneität	62	52	- 10	

Repräsentativbefragung von jeweils 2000 Personen ab 14 Jahren in den Jahren 1989 und 2001 in Deutschland.

Literatur

Friedrich Hebbel: *Maria Magdalena. Ein bürgerliches Trauerspiel in drei Akten.* Mit Hebbels Vorwort und Anmerkungen von Karl Pörnbacher. Stuttgart: Philipp Reclam jun., 2001. *(Nach dieser Ausgabe wird zitiert.)*

Friedrich Hebbel: *Sämtliche Werke.* Historisch-kritische Ausgabe. Besorgt von Richard Maria Werner. Abt. 1: Werke. Abt. 2: Tagebücher. Abt. 3: Briefe. Berlin: Behr, 1904–07.

Fourie, Regine: *Das Abgrund-Motiv in Hebbels Tagebüchern und Tragödien.* Stuttgart: Akademischer Verlag Hans Dieter Heinz, 1984 (Stuttgarter Arbeiten zur Germanistik, hg. von Ulrich Müller, Franz Hundsnurscher und Cornelius Sommer).

Held, Heinz-Georg (Hg.): *Maria Magdalena. Die heilige Sünderin.* Frankfurt a. M.: Ullstein, 1988.

Grundmann, Hilmar: *Tatort: Familie, Täter: Die menschliche Gesellschaft. Zu Hebbels These von der Gewalt in den zwischenmenschlichen Beziehungen als einer typischen Erscheinung moderner Massengesellschaften.* In: Günter Häntzschel (Hg.): Alles Leben ist Raub. Aspekte der Gewalt bei Friedrich Hebbel. München: Iudicium Verlag, 1992.

Häntzschel, Günter (Hg.): *Alles Leben ist Raub. Aspekte der Gewalt bei Friedrich Hebbel.* München: Iudicium Verlag, 1992.

Hein, Edgar: *Friedrich Hebbel – ‚Maria Magdalena'.* München: Oldenbourg, 1989 (Oldenbourg Interpretationen).

Hinck, Walter (Hg.): *Handbuch des deutschen Dramas.* Düsseldorf: Bagel, 1980.

Kleinschmidt, Gert: *Die Person im frühen Drama Hebbels.* Lahr/Schwarzwald: Moritz Schauenburg, 1965.

Kluge, M. und R. Radler (Hg.): *Hauptwerke der deutschen Literatur.* München: Kindler, 1997.

Kreuzer, Helmut (Hg.): *Friedrich Hebbel.* Darmstadt: Wissenschaftliche Buchgesellschaft, 1989 (Wege der Forschung Bd. 642).

Luserske, Matthias: *Gewalt statt Katharsis – ein Paradigmenwechsel? Die Agonie des bürgerlichen Trauerspiels in Hebbels ‚Maria Magdalena'.* In: G. Häntzschel (Hg.): Alles Leben ist Raub. Aspekte der Gewalt bei Friedrich Hebbel. München: Iudicium, 1992.

Park, Eun-Sook: *Theorie, Text und Aufführungen – Untersuchungen zu Friedrich Hebbels ‚Maria Magdalena'.* Dissertation. Bielefeld 1995.

Welsch, Wolfgang: *Zur Aktualität ästhetischen Denken.* In: ders.: Ästhetisches Denken. Stuttgart: Reclam, 1990.

Zur Biografie:

Matthiesen, Hayo: *Friedrich Hebbel.* Reinbek bei Hamburg: Rowohlt, 1970 (rowohlts monographien).

Reinhardt, Hartmut: *Hebbels Dramatik.* In: Walter Hinck (Hg.): Das Handbuch des deutschen Dramas. Düsseldorf: Bagel, 1980.

Stolte, Heinz: *Friedrich Hebbel – Leben und Werk.* Husum: Husum Druck und Verlagsgesellschaft, 1977.

Zur Postmoderne:

Kellner, Douglas: *Die Konstruktion postmoderner Identitäten.* In: Andreas Kuhlmann (Hg.): Philosophische Ansichten der Kultur der Moderne. Frankfurt a. M.: Lang, 1994.

Koller-Andorf, Ida und Hilmar Grundmann (Hg.): *Hebbel – Mensch und Dichter im Werk. Problemdrama und Postmoderne.* Hamburg: LIT-Verlag, 1998 (Schriftenreihe der Friedrich-Hebbel-Gesellschaft Wien, Bd. 6).
darin:
- Grundmann, Hilmar: *Friedrich Hebbel – in seinen Helden gebar sich der moderne Mensch – oder was die Postmoderne von ihnen lernen kann*, S. 97 ff.
- Rezensionen zu Theateraufführungen. Hebbels Dramen auf der Bühne. S. 203 ff.

Zum Problem des Wertewandels:

Gensicke, Thomas: *Sozialer Wandel durch Modernisierung, Individualisierung und Wertewandel.* In: Beilage *Das Parlament* der Wochenzeitung *Politik und Zeitgeschichte*, hg. von der Bundeszentrale für politische Bildung. Bonn, B 42/96, S. 3 ff.

Hepp, Gerd: *Wertewandel und Bürgergesellschaft.* In: Beilage *Das Parlament* der Wochenzeitung *Politik und Zeitgeschichte*, hg. von der Bundeszentrale für politische Bildung. Bonn, B 52-53/96, S. 3–12.

Müller-Schneider, Thomas: *Die Erlebnisgesellschaft – Der kollektive Weg ins Glück?* In: Beilage *Das Parlament* der Wochenzeitung *Politik und Zeitgeschichte*, hg. von der Bundeszentrale für politische Bildung. Bonn, B 12/2000, S. 24 ff.

Opaschowski, Horst W.: *Jugend im Zeitalter der Eventkultur.* In: Beilage *Das Parlament* der Wochenzeitung *Politik und Zeitgeschichte*, hg. von der Bundeszentrale für politische Bildung. Bonn, B 12/2000, S. 17–23.

Opaschowski, Horst W.: *Die westliche Wertekultur auf dem Prüfstand.* In: Beilage *Das Parlament* der Wochenzeitung *Politik und Zeitgeschichte*, hg. von der Bundeszentrale für politische Bildung. Bonn, B 52–53/2001, S. 17.

Materialien aus dem Internet:

http://www.hebbel-museum.de
(Seite des Hebbel-Museums Wesselburen)

http://www.hebbel.at/
(Seite der Hebbel-Gesellschaft)

http://gutenberg.spiegel.de/autoren/hebbel.htm
(Hebbels Werke online)

Bitte melden Sie dem Verlag „tote" Links!

Verfilmungen:

Maria Magdalena. BRD 1973.
Regie: Franz Xaver Kroetz.

Maria Magdalena. BRD 1993.
Regie: Antje Lenkeit
(Aufzeichnung der Aufführung des Stadttheaters Konstanz)